S. FISCHER

Ahmad Mansour, geboren 1976, ist arabischer Israeli und lebt seit 2004 in Berlin. Er ist Diplom-Psychologe und arbeitet für Projekte gegen Extremismus. Anfang 2018 gründete er Mind Prevention (Mansour-Initiative für Demokratieförderung und Extremismusprävention). Für seine Arbeit erhielt er zahlreiche Auszeichnungen, u. a. den Moses-Mendelssohn-Preis zur Förderung der Toleranz, den Carl-von-Ossietzky-Preis, den Theodor-Lessing-Preis sowie den Menschenrechtspreis 2019 der Gerhart und Renate Baum-Stiftung. Bei S. Fischer erschienen seine Bestseller »Generation Allah. Warum wir im Kampf gegen religiösen Extremismus umdenken müssen« und »Klartext zur Integration. Gegen falsche Toleranz und Panikmache«.

www.Ahmad–Mansour.com
www.mind-prevention.com
www.fischerverlage.de

Ahmad Mansour

Solidarisch sein!

Gegen Rassismus,
Antisemitismus
und Hass

S. FISCHER

Aus Verantwortung für die Umwelt hat sich der S. Fischer Verlag zu einer nachhaltigen Buchproduktion verpflichtet. Der bewusste Umgang mit unseren Ressourcen, der Schutz unseres Klimas und der Natur gehören zu unseren obersten Unternehmenszielen. Gemeinsam mit unseren Partnern und Lieferanten setzen wir uns für eine klimaneutrale Buchproduktion ein, die den Erwerb von Klimazertifikaten zur Kompensation des CO_2-Ausstoßes einschließt. Weitere Informationen finden Sie unter: www.klimaneutralerverlag.de

Originalausgabe
Erschienen bei S. FISCHER
© 2020 S. Fischer Verlag GmbH,
Hedderichstr. 114, D-60596 Frankfurt am Main

Umschlaggestaltung: Büro KLASS, Hamburg
Gesamtherstellung: CPI books GmbH, Leck

Printed in Germany
ISBN 978-3-10-397066-1

Dieses Buch ist allen Pädagogen und Sozialarbeitern gewidmet,
die unsere Kinder und Jugendlichen – unsere Zukunft –
jeden Tag betreuen, begleiten und unterrichten – und leider
viel zu oft alleingelassen werden.

Rassismus ist wie ein Virus, das sich in unser Gehirn frisst. Meistens äußert es sich durch Alltagdiskriminierungen: auf dem Wohnungs- und Arbeitsmarkt, in der täglichen Interaktion zwischen Menschen, in der politischen Sprache. In anderen Fällen wird es persönlicher: Man geht auf Distanz zu bestimmten Gruppen, will verhindern, dass der Sohn oder die Tochter jemanden heiratet, der eine bestimmte Herkunft, Religion oder Nationalität hat.

Bei manchen aber ist der Verlauf tödlich.

Das kann passieren, wenn das Rassismusvirus in einer Ideologie mündet: Aus Rassismus wird Hass, aus Hass kann Gewalt entstehen. Terror ist ohne Diskriminierung nicht möglich. Wer Menschen umbringt, wertet sie ab, entmenschlicht sie, ist überzeugt, dass sie kein Recht haben zu leben.

Eine Immunisierung gegen dieses Virus ist nur möglich durch Begegnungen, Empathie und eine offene und ehrliche Streitkultur – ohne Tabus, mit gegenseitigem Respekt, ohne Denken in Schubladen.

Inhalt

Für immer in die Seele gebrannt:
Der Tag nach Hanau

Es war früh, 5:50 Uhr, um genau zu sein, als der Wecker meines Handys klingelte, ich im Dunkeln danach tastete und den Ton ausschaltete. Ich sah, dass der Bildschirm voller Push-Nachrichten war, doch ich war noch zu müde und meine Augen zu schwach, um irgendetwas zu lesen. Leise ging ich in die Küche, um meine Tochter nicht zu wecken, machte mir einen Kaffee und ein Brötchen, nahm das Handy wieder in die Hand und las:

»Tote durch Schüsse in Hanau.«

»Amoklauf in Hanau.«

»Schüsse in Hanau: Die Polizei bestätigt elf Tote.«

»Mehrere Tote nach Schüssen – Hintergründe unklar.«

»Amok in Shisha-Bars.«

Die Nachrichten fühlten sich an wie eine Lawine, die mich plötzlich überrollte und sprach- und atemlos machte. Schon wieder ein Anschlag, dachte ich, schon wieder Tote. Mit jedem Schluck Kaffee und jeder Nachricht, die ich las, wurde ich trauriger, fühlte mich hilfloser. Ich dachte an die Opfer, an ihre Freunde und Familien. Was mussten sie jetzt durchmachen? Welchen Schmerz und welche Angst mussten sie empfinden?

Ich fragte mich, wer der Täter war. Welchen Hintergrund hat er? Im Namen welcher Ideologie hatte er gehandelt? Wie viele andere Menschen auch, hatte ich den

Drang, den Täter sofort einzuordnen. Die einen meinten zu wissen, dass der Täter Islamist war, andere waren sich sicher, es sei ein Flüchtling. Und wiederum andere behaupteten, es sei die Tat eines Rechtsradikalen gewesen. Alle suchten nach Bestätigung für ihr Weltbild.

Stopp!

War das, was ich gerade tat – vorschnell zu urteilen und Vermutungen anzustellen –, nicht genau das Gleiche? Das, was zu Spaltung in der Gesellschaft und Unsolidarität führt? Das, was ich immer wieder kritisiere? Dass solche Taten allzu oft dazu missbraucht werden, das eigene Weltbild zu bestätigen, und dabei immer die Opfer und ihre Familien vergessen werden? Die Kugeln, die diese Menschen getroffen hatten, hatten Menschen aus ihrem Leben und ihrer Familie gerissen, sie hatten Trauer, Wunden, Schmerzen, Ohnmacht und vieles mehr verursacht. Das alles würde durch das Wissen, ob der Täter Islamist oder rechtsradikal war, welches Tatmotiv er hatte und welche Ideologie dahinter stand, nicht milder oder schlimmer.

Während meine Gedanken kreisten, funktionierte ich irgendwie. Ich duschte, zog mich an, dachte an die Schulklasse, die ich gleich für den zweiten Teil eines Workshops treffen sollte, in dem es um Wertevermittlung und Demokratieförderung gehen sollte. Es war der 10. Jahrgang einer Gesamtschule, Mädchen und Jungen gemischt, fast alle mit Migrationserfahrung, sehr heterogen in ihren Einstellungen, jedoch allesamt sehr sensibel, mit großer Wissbegierde und gleichzeitig enormem Redebedarf.

Ich dachte: Was mache ich hier eigentlich? Welche Situation werde ich dort vorfinden? Werden meine drei Kollegen und ich überhaupt in die Klasse reingelassen, oder sagt der Lehrer, er müsse die Stunden jetzt selbst übernehmen, um mit den Schülern über den Anschlag zu sprechen? Aus Israel kannte ich es nicht anders: Dort ist es üblich, dass die Schülerschaft, die Lehrer und die Sozialarbeiter nach solchen Anschlägen in den ersten Schulstunden trauern und Gedanken austauschen. Insgeheim hoffte ich, die Schule oder der Lehrer würde uns nach Hause schicken. Die Vorstellung, unvorbereitet mit Schülerinnen und Schülern, die ich kaum kannte, über eine Tat zu sprechen, von der ich gerade erst erfahren hatte, überforderte mich.

Ich setzte mich in mein Auto und sah plötzlich Bilder, die ich meinte, hinter mir gelassen zu haben.

Israel im Jahr 2004: Das Land war zerrissen. Terror, Hass und Polarisierung bestimmten den Alltag. An einem regnerischen, kalten Morgen saß ich im Auto, der Verkehr bewegte sich nur sehr langsam. Ich wartete, dass die Ampel auf Grün schaltete, hörte Musik. Plötzlich kamen mir Menschen entgegengerannt und liefen an mir vorbei: Eltern, Kinder, Junge, Alte. Ich werde ihre Gesichter und das, was ich in ihnen sah, niemals vergessen. Da war keine Angst in ihren Gesichtern, da war eine Leere. Für ein paar Sekunden verstand ich nicht, was passierte. Dann sah ich den Terroristen.

Er schoss mit seinem Maschinengewehr auf die umstehenden Wagen. Im nächsten Augenblick traf ihn der tödliche Schuss eines israelischen Soldaten. Es waren die schrecklichsten Minuten meines Lebens.

An diesem Tag wusste ich: Hier und auf diese Weise will ich nicht leben – mit allen Konsequenzen, die dieser Entschluss mit sich brachte.

Ich kündigte meine Arbeit, nahm Abschied von den Kollegen, buchte einen Flug und kam mit zwei Koffern und viel Hoffnung wenige Tage später in Berlin-Tegel an.

Bis heute denke ich an den schrecklichen Moment der Todesgefahr zurück. Ich wurde nicht körperlich verletzt. Die Wunden, die ich bis heute spüre, sind psychisch. Dieses und andere Erlebnisse – Bombenattentate, Tote, Bilder von Verletzten und immer die Angst: Was, wenn ich zum falschen Zeitpunkt am falschen Ort bin? – hatten sich für immer in meine Seele eingebrannt.

Jetzt und hier, auf dem Weg zur Schule, saß ich wieder im Auto, und alle Gefühle kamen zurück: die Unsicherheit, die Angst und die Zerrissenheit. All das, was ich in meiner alten Heimat hatte hinter mir lassen wollen, war jetzt wieder da. Meine neue Heimat war vom Terror betroffen.

Ich schaltete das Radio ein. Ich hörte überforderte Moderatoren und Stimmen von Augenzeugen, die kaum Worte für das fanden, was sie erlebt hatten. All das kannte ich aus Israel. Ich sehnte mich nach der ruhigen, traurigen Musik, die sie in Israel an solchen Tagen spielen. Lieder, die von Trauer und Abschied erzählen als Ausdruck von Überforderung und Anteilnahme.

Ich fuhr weiter, schaute in die anderen Autos, fragte mich, was die Menschen darin wohl gerade dachten. Interessierten sie sich für das, was in Hanau passiert war? Hatten sie Angst? Waren sie vielleicht selbst Täter? Alles schien mir in diesem Moment möglich zu sein.

Dann dachte ich wieder an den Workshop, zu dem ich unterwegs war. Wie würde der Workshop ablaufen? Was passierte mit den Themen, die wir vorbereitet hatten? Würden wir sie durchziehen, so, als sei nichts geschehen? Oder war es unsere Pflicht, mit den Schülerinnen und Schülern über den Anschlag zu sprechen?

Ich rief mein Team an, fragte nach ihrer Meinung, und gemeinsam beschlossen wir, erst einmal alle zur Schule zu

kommen. Dort führte uns unser erster Weg ins Sekreta-
riat. Die Mitarbeiter schienen irritiert, als wir fragten, ob
der Workshop überhaupt stattfinden würde. Die Antwort:
»Natürlich. Warum denn nicht?«

Als wir ins Klassenzimmer kamen – der Lehrer war nir-
gends zu finden und tauchte auch den ganzen Morgen
nicht mehr auf –, sahen wir in müde Gesichter. Keine Spur
der Energie vom letzten Mal, als wir den ersten Teil des
Workshops abgehalten hatten. Alle waren langsam in ihren
Bewegungen. Keine Freude, uns zu sehen, aber auch keine
Ablehnung. Ihnen schien einfach alles egal zu sein.

Wir entschieden uns, in die Runde zu fragen, was die
Jugendlichen am Morgen gemacht hatten. Langsam kamen
Antworten.

»Nichts.«

»Gefrühstückt.«

»Gechattet.«

»Hausaufgaben gemacht.«

»Hab meine Sneakers nicht gefunden.«

»U-Bahn verpasst.«

Es schien, als hätten sie gelernt, solche Dinge zu erzählen. Der Anschlag der letzten Nacht war da, von Anfang
an, mitten im Raum, zwischen uns. Alle konnten ihn fühlen, aber keiner sagte etwas dazu.

Schließlich fragte ich: »Habt ihr von dem Anschlag gehört?«

»Klar!«

»Wie habt ihr davon erfahren?«

»WhatsApp von Freunden.«

»Mit wem habt ihr darüber gesprochen?«

»Mit keinem.«

»Nicht mal mit euren Eltern?«

»Nö.«

»Und was macht das mit euch, wenn ihr solche Nachrichten hört?«

Als habe diese Frage ihnen einen Kübel Eiswasser über den Kopf gegossen, waren sie wach – und ein Sturm der Empörung brach über uns herein: Wie fremdenfeindlich Deutschland sei. Wie hasserfüllt die Mehrheitsgesellschaft mit ihnen umgehe. Sie fragten, wie man Muslime hassen könne, die einfach nur friedlich leben wollten, die keine Chance hätten, weder in der Schule noch bei Türstehern von Clubs, bei der Wohnungssuche, bei der Jobsuche. Sie erzählten uns von ihrer Angst um sich und ihre Familien. Sie fragten, warum es nach dem Anschlag auf die Zeitschrift *Charlie Hebdo* 2015 eine Schweigeminute gegeben habe und heute nicht. Einer fragte: »Waren die Menschenleben damals mehr wert als die von gestern?« Ich antwortete: »Ich möchte kein Anwalt für eure Schule sein, aber vielleicht kommt das ja noch, vielleicht planen sie etwas. Vielleicht könnt ihr der Schulleitung auch sagen, was ihr euch wünscht.«

Die Schüler lachten. Es klang bitter. Sie waren sich sicher, die Schule würde das alles ignorieren: »Die Opfer waren ja nur Muslime. Um die trauert man nicht.«

Ein Junge schien besonders aufgelöst zu sein. Er – das hatte er uns bei unserem ersten Workshop erzählt – war in Deutschland geboren und mit drei Jahren in den Kindergarten gekommen. Davor war alles schön gewesen. Doch im Kindergarten hatte sich alles geändert, weil er dort zum ersten Mal begriff, dass er anders war. Mit Tränen in den Augen hatte er uns erzählt, wie seine Mutter ihn eines Tages im Badezimmer mit einer Zahnbürste in der Hand fand.

Er hatte versucht, seine dunkle Hautfarbe abzuschrubben. Und jetzt? Sagte er mit einer Mischung aus Angst und Wut: »Muss ich immer damit rechnen, dass mich jemand abstechen oder killen möchte, nur weil ich schwarz bin? Das ist nur Hautfarbe. Das ist keine Kacke!«

Wir entschieden uns, allen erst einmal nur zuzuhören und dieser Wucht an Gedanken, Angst und Hilflosigkeit Raum zu geben.

Ein Mädchen erzählte, dass sie wegen ihres Kopftuchs immer wieder Bemerkungen von Wildfremden auf der Straße abbekommt und komisch angeschaut wird. Ein Junge sagte, dass alle Lehrer, »alles Rassisten«, diese Klasse hassen würden, weil sie Ausländer seien. »Die sagen immer, aus euch wird nie etwas. Sogar in einer Dönerbude braucht ihr Englisch.« Ein anderes Mädchen sprach von ihrer Familie, die ihr immer wieder sage, sie müsse sich vor den Deutschen hüten – und zwar vor allen. Das seien schlechte Menschen, und sie als Palästinenser hätten hier sowieso keine Zukunft.

Ich musste an unseren ersten Workshop in dieser Klasse denken. Er war nur drei Monate her, doch die Jugendlichen waren anders gewesen, viel unbeschwerter als heute.

Teils skeptisch, teils neugierig hatten sie uns damals empfangen. Der Lehrer hatte den Schülerinnen und Schülern von uns erzählt, sie kannten unsere Namen, hatten uns gegoogelt oder schon vorher von uns gehört. Trotzdem hatten wir uns erst einmal vorgestellt – so wie wir das immer tun. Wir hatten erzählt, wer wir sind und was wir machen. Wir hatten Fragen beantwortet wie:

»Herr Mansour, sind Sie Islamhasser?«

»Sind Sie Israeli?«

»Wie ist es gekommen, dass Sie immer im Fernsehen sind?«

»Haben Sie wirklich Bodyguards?«

»Wie war das, als Ausländer in Deutschland zu studieren?«

Von meinen Kollegen wollten sie wissen, ob sie wirklich aus der Türkei kämen und was sie denn eigentlich seien: Sunniten, Kurden oder Aleviten?

Wir antworteten auf alles. Keine Frage sollte verschluckt oder aus Scham nicht gestellt werden. Dann sagten wir: »Erzählt von euch. Wer seid ihr? Was macht euch aus?«

Unsere Workshops leben von Empathie, Emotionalität und Vertrauen. Das Letztere schaffen wir beispielsweise dadurch, dass wir meist aus der gleichen oder einer ähnlichen Community kommen – also Migrationserfahrung haben – und gleiche oder ähnliche Namen tragen, aber auch, weil wir den Menschen auf Augenhöhe begegnen. Wir interessieren uns für ihre Meinungen und ihre Gefühle, wir hören zu. Unsere Methode ist es, nachzufragen, mitunter auch zu verunsichern, aber niemals anderen unsere Meinung aufzuzwingen oder Menschen abzuwerten. Wir wollen Reflexion ermöglichen, wir wollen das Debattieren, den Austausch von Argumenten fördern, wir lassen Kritik zu. Deshalb hatten wir der Klasse, nachdem wir uns vorgestellt hatten, sehr deutlich gesagt, dass wir nicht gekommen waren, um einen Vortrag zu halten oder ihnen zu sagen, was richtig oder falsch ist oder wie sie sich zu verhalten hätten. »Wir sind hier, weil wir Interesse daran haben, mit euch zu diskutieren«, sagte ich. »Wir haben Themen mitgebracht, von denen wir denken, dass sie für euch interessant sein könnten. Wenn nicht, sagt Bescheid, dann finden wir etwas anderes.«

Das klingt im ersten Moment vielleicht, als wollten wir eine Plauderstunde abhalten. Doch hier ging es darum, den Schülerinnen und Schülern durch theaterpädagogische Arbeit Werte zu vermitteln, kritisches Denken zu fördern und sie gegen Radikalisierung zu immunisieren.

Wir fingen mit einem Rollenspiel an, über das wir gemeinsam reflektierten: Ein patriarchalischer Vater, der seinen Sohn anschreit, ihn zurechtweist, ihm klarmacht, dass er tun muss, was der Vater sagt. Die einen fanden den autoritären Vater und dessen klare Strenge gut, die anderen fanden ihn zu aggressiv, zu extrem, zu wenig empathisch. Von denjenigen, die den Vater gemocht hatten, wollten wir wissen, was wirklich gut an seinem Verhalten gewesen war.

Wir spielten ein anderes Rollenspiel, bei dem der Vater dem Sohn offen, liebevoll und herzlich begegnet. Wir fragten die Klasse, welcher Vater ihnen lieber wäre. Wir erzählten dabei viel von unseren eigenen Eltern, von unserer Liebe zu ihnen, von unserem Wunsch, eine gute Beziehung zu ihnen zu haben. Wir erzählten aber auch, wie wichtig es für uns war, ihr Verhalten und ihre Fehler zu reflektieren, und was es mit uns als Kindern gemacht hat, wenn sie uns schlugen und wir Angst vor ihnen hatten.

Beim nächsten Rollenspiel ging es um Thomas und Fatma, die sich ineinander verlieben. An der Stelle, an der Fatma nach Hause geht und ihren Eltern von Thomas erzählt, hielten wir an und baten die Klasse, die Rolle der Eltern zu übernehmen. Wir wiederholten die Situation mit drei verschiedenen Elternpaaren. Und was passierte? Nicht eine Schülerin, nicht ein Schüler befürwortete diese Beziehung. Mehr noch: Sie lehnten sie alle ab. Wir fragten, warum.

»Weil er ein Deutscher ist«, sagte eine Schülerin.

»Ihr seid doch auch Deutsche«, antwortete mein Kollege.

»Ja, aber wir sind Muslime.«

Andere sagten, dass so eine Beziehung im Islam verboten sei. Wieder andere, es würde nur gehen, wenn Thomas zum Islam konvertiere, man wolle ja, dass die Kinder auch Muslime würden.

Ich fragte: »Glaubt ihr, dass die Liebe einen Unterschied zwischen Religionen, Kultur oder Sprachen macht?«

Spätestens jetzt waren die Schülerinnen und Schüler voll dabei, und die anfängliche Skepsis war komplett verflogen. Nicht alle meldeten sich zu Wort, aber keiner war geistig abwesend oder gar der ganzen Sache gegenüber ablehnend. Wir sprachen viel über Identität, patriarchalische Väter, über Gleichberechtigung, die Akzeptanz von Unterschieden, über Antisemitismus, über Jungfräulichkeit, Angst und Liebe. Die Klasse bestimmte die Richtung, und wir ließen uns darauf ein, schließlich hatten wir die Schülerinnen und Schüler dazu aufgefordert, uns zu zeigen, welche Themen ihnen wichtig sind.

Ich empfand die Klasse als sehr besonders. Sie hörten einander zu, werteten die Aussagen der anderen nicht ab und unterstützten sich gegenseitig. Wir merkten, wie viel ungehörte Reflexion in den Schülerinnen und Schülern vorhanden war, aber auch unbeantwortete Fragen, Unsicherheiten, Ambivalenzen, Wut, Trauer und die Sehnsucht nach Austausch und Antworten.

Einige fingen an zu weinen, andere, bei denen wir merkten, dass es ihnen zu viel wurde, nahmen wir aus dem Klassenraum, und einer von uns sprach dort mit ihnen, bis sie wieder bereit waren zurückzugehen.

Es wurde Mittag, Zeit zu gehen. Doch es fühlte sich falsch an, die Klasse alleine zu lassen. Da waren zu viele Fragen offen. Der zweite Termin in drei Monaten stand zwar schon fest, trotzdem boten wir dem Klassenlehrer an, für Einzelgespräche noch eine Stunde zu bleiben. Er schien erleichtert.

Uns war klar, dass wir uns für das nächste Mal sehr genaue Gedanken darüber machen mussten, wie wir diese Themen weiter vertieften, welche Rollenspiele wir machen konnten und was wir den Schülerinnen und Schülern mitgeben konnten gegen die Hilflosigkeit, die wir wahrgenommen hatten: was die Zukunft angeht, Sexualität und Beziehungen, aber auch den Kontakt mit der eigenen Familie.

Wir entwickelten einen Plan. Wir bereiteten uns vor. Dann kam der Tag. Der Tag nach Hanau.

Manche der Geschichten, die uns die Schülerinnen und Schüler heute erzählten, machten mich traurig, manche wütend. Bei anderen wollte ich sofort mitreden, widersprechen, ihnen sagen, dass nicht alle Lehrer und alle Deutschen gleich seien. Ich wollte sie an das Rollenspiel erinnern, bei dem sie alle der Meinung gewesen waren, dass Thomas Fatma nicht heiraten dürfe. War das nicht auch rassistisch? Ich hielt meinen Mund. Denn hier und jetzt ging es darum, ihren subjektiven Gefühlen Raum zu geben.

Was all ihre Geschichten gemeinsam hatten, war das Empfinden, für ihre Herkunft, ihre Religion und ihre Haut- und Haarfarbe diskriminiert und herabgewertet zu werden, und das Gefühl, nicht Teil dieses Landes zu sein – und niemals werden zu können. Wir sahen wütende, traurige, aufgelöste Schülerinnen und Schüler, die nicht wussten, wohin mit ihren Gefühlen, und gleichzeitig wirkten, als hätten sie aufgegeben. Als würden sie die Diskriminierung, die Ablehnung und die Perspektiv- und Hilflosigkeit akzeptieren. Wenn jemals der Wunsch in ihnen gereift war, etwas daran zu ändern, so fühlte es sich in diesem Moment an, als sei er verkümmert und vertrocknet. Für die Schüler fühlte es sich an wie das Ende. Doch wir wussten: Es konnte auch ein Anfang sein.

Mahmoud

Wer Mahmoud heute sieht, wer seine Geschichte kennt, der kann sich nur wundern, dass er psychisch stabil ist – oder überhaupt noch lebt.

Alles, was Mahmoud sich gewünscht hatte, als er seine Flucht nach Europa antrat, war eine bessere Zukunft. Er wusste, die Reise würde nicht einfach werden. Doch alles war besser als zu Hause, dachte er. Er sollte sich irren.

Mahmoud, Mitte 20, in Somalia geboren, bei seinen Tanten aufgewachsen. Seine Mutter war bei seiner Geburt gestorben, sein Vater, der insgesamt drei Frauen und 14 Kinder hatte, kam nur vorbei, um ihn zu schlagen, wenn Mahmoud den Koran nicht richtig auswendig gelernt hatte. Er zeigte ansonsten weder Interesse an seinem Sohn, noch war er ein Vorbild für ihn.

Mahmoud wollte da raus, unabhängig sein, ein selbstbestimmtes Leben leben. In Somalia erschien ihm das unmöglich. Seine Familie schien froh über seinen Plan zu sein und sammelte Geld, als sei Mahmouds Flucht ein Projekt, von dem sie alle profitieren konnten. Schließlich würde er ja bald im goldenen Europa leben und das geliehene Geld mit Zinsen zurückzahlen.

Wenn Mahmoud über seine Flucht spricht, deutet er vieles nur an oder sagt, er erinnere sich nicht genau. Doch das, was er sagt, reicht, um zu verstehen, dass er unfassbare Gewalt und Missbrauch erlebt und beobachtet haben muss.

Er schaffte es bis zum Mittelmeer, bezahlte viel Geld für eine Überfahrt, weigerte sich dann aber, einzusteigen, als er das Boot sah. Damit gehen wir unter, dachte er. Doch ein Mann zog eine Waffe, hielt sie Mahmoud an den Kopf und fragte: »Soll ich abdrücken? Wenn nicht, rein da. Sofort!«

Das Boot kenterte. Keiner trug eine Schwimmweste. Mahmoud wurde gerettet, wie, weiß er nicht mehr. Er kann sich nur noch an das Gefühl erinnern, wieder auf festem Land zu stehen: Italien. Er versuchte, nach Deutschland zu kommen, und als es ihm nach vielen Wochen gelungen war, landete er in einem kleinen Dorf in Baden-Württemberg.

Mahmoud wollte jetzt alles hinter sich lassen. Er war motiviert, neugierig und voller Bewunderung für die Freiheit, die Individualität und die Möglichkeit der Selbstentfaltung, die die Menschen in Deutschland hatten. Er lernte schnell Deutsch, hatte Träume, wollte Mechaniker werden, sich eine Zukunft aufbauen, am liebsten mit einer Frau und Kindern. Den Kontakt zu seiner Familie brach er nahezu komplett ab. Er wusste, dass er ihnen noch Geld schuldete, aber darüber hinaus wollte er nichts mehr mit ihnen zu tun haben.

Was kann so einen Menschen aufhalten?

Seine Hautfarbe!

Mahmoud war in dem Dorf der einzige Schwarze weit und breit, was er sofort zu spüren bekam: Die Leute wechselten die Straßenseite oder zogen ihre Kinder an sich, wenn sie ihn sahen. Manchmal hörte er Affengeräusche hinter sich, aber wenn er sich umdrehte, taten alle so, als sei nichts. Aus vorbeifahrenden Autos hörte er Dinge wie »Sozialschmarotzer«, »Vergewaltiger«, »Terrorist«, »Parasit«.

Beim Friseur sagte man ihm, solche Haare könne man hier nicht schneiden. Wenn er Deutsch sprach – sei es im Supermarkt, in der Bibliothek oder im Dorfimbiss – und ihm manche Worte nicht einfielen, reagierten die Menschen sofort genervt. Keiner bot ihm Hilfe an, keiner reichte ihm die Hand.

Einmal ging er mit einem Freund aus der Flüchtlingsunterkunft einen Kaffee trinken. Als die Kellnerin zu ihnen an den Tisch kam, sagte sie, noch bevor sie ihnen die Speisekarten gab: »Aber ihr benehmt euch, ja?«

Der Weg, in Deutschland anzukommen, emotional und in allen anderen Belangen auch, wurde Mahmoud unmöglich gemacht. Die Mehrheitsgesellschaft blockierte ihn.

Was wäre eine Lösung für ihn? In eine Parallelgesellschaft abzuwandern, in der er den Halt findet, den eigentlich jeder Mensch braucht? Es wäre einfach für ihn, die Mehrheitsgesellschaft zu verachten, die ihm jede Chance verwehrt, weil er auf das reduziert wird, wofür er nichts kann. Er wusste, dass der Weg nach Deutschland schwer sein würde, aber dass das Leben hier brutaler sein würde als alles, was er auf der Flucht erlebt hatte, das wusste er nicht.

Falls Sie Mahmoud begegnen: Er hat noch nicht aufgegeben. Geben Sie ihn auch nicht auf.

Warum es keine Rassen gibt, Rassismus hingegen sehr wohl

Rassismus ist da. Er ist ernst. Er lässt sich nicht ignorieren. Menschen werden aufgrund ihrer Hautfarbe, ihrer Herkunft, ihres Namens, ihres Andersseins diskriminiert, ausgegrenzt, benachteiligt, erniedrigt, entmenschlicht, verfolgt und sogar getötet. Das passiert jeden Tag, überall auf der Welt – und zwar nicht erst seit gestern.

Rassismus kann offen sein oder unterschwellig in Form von Mikroaggressionen. Rassismus kann persönlich sein oder strukturell, sprich, wenn er durch gesellschaftliche Strukturen reproduziert und so legitimiert wird.

Rassismus ist da, wenn Menschen auf dem Wohnungs- oder Arbeitsmarkt benachteiligt werden – oder gleich gar keine Chance haben. Wenn sie in der Öffentlichkeit immer und immer wieder ohne ersichtlichen Grund kontrolliert werden. Wenn sie beschimpft oder beleidigt werden oder ihnen mit offensichtlichem Argwohn begegnet wird. Wenn ihnen der Zugang zu Clubs verwehrt wird, wenn ihnen von Lehrern klargemacht wird, dass sie in der Schule und im Leben sowieso nicht weit kommen würden und die Bildung an sie verschwendet sei, weil sie irgendwann eh gegen Kamele eingetauscht würden.

Rassismus war da, als ich im Zug in der ersten Klasse vom Schaffner darauf hingewiesen wurde, die zweite Klasse sei weiter hinten, ohne dass er meine Fahrkarte gesehen hatte.

Er war da, als ich beim Freizeitfußball ständig Ali genannt wurde, obwohl ich mich mit Ahmad vorgestellt und später mehrfach wiederholt hatte, dass ich Ahmad, nicht Ali hieße. Ich blieb Ali.

Rassismus war da, als meine Eltern aus Israel zu Besuch waren – meine Mutter trägt Kopftuch – und es immer wieder zu Konflikten mit Passanten auf der Straße kam. Als meine Mutter etwa Angst vor einem nicht angeleinten Hund einer älteren Frau hatte und ich diese bat, ihren Hund an die Leine zu nehmen, fing sie an, uns zu beleidigen. Sie sagte, wir sollten gefälligst in unser Land verschwinden, wenn uns das nicht passe.

Rassismus war auch da, als ich in Berlin studierte und mich Ende 2005 auf einen Job als Nachtwache an der Charité bewarb: Es wurden Studierende der Psychologie oder der Medizin gesucht, die nachts auf die Patienten aufpassen sollten. Ich bewarb mich, wurde zum Vorstellungsgespräch eingeladen, war der Einzige, der schon ein abgeschlossenes Studium vorweisen konnte: meinen Bachelor in Psychologie aus Israel. Ich war der Einzige, der ein Jahr Ausbildung als Krankenpfleger absolviert und drei Jahre Praxiserfahrung im Krankenhaus hatte. Ich fühlte mich wie berufen für den Job. Ich war mir sicher, ich würde ihn bekommen.

Sie stellten jemand anderes ein. Ich bekam nicht einmal eine Absage.

Als ein Freund, der selber in der Charité als studentische Hilfskraft arbeitete, bei einer Mitarbeiterin aus der Personalabteilung nach den Gründen fragte, antwortete diese: »Der sieht gefährlich aus, den kann ich nicht auf die Patienten loslassen.« Mein Freund lachte, als er mir davon erzählte, als sei das ein Witz. Mir aber war nicht nach Lachen zumute. Ganz im Gegenteil. Mein Freund verstand nicht, wie verletzend das für mich war – etwas, für das ich nichts konnte, war wichtiger als das, wofür ich hart gearbeitet hatte – und welche Ohnmacht ich spürte, mich in keiner Weise dagegen wehren zu können.

Und auch das ist Rassismus: Wenn in der Schulakte meiner Tochter in der Schule irgendwann der Vermerk ndH – nicht deutscher Herkunftssprache – stehen wird, auch wenn es vordergründig um die gute Sache geht, eine zusätzliche Sprachförderung für die Kinder zu bekommen. Ja, Sprachförderungen sind großartig und wichtig. Aber in dem Moment, in dem ich mit meinem Aussehen und meinem Akzent in der Schule auftauche und sofort Schubladen aufgemacht werden, ohne dass sich jemand mit meiner Tochter und ihren Bedürfnissen auseinandergesetzt hat, wenn also aufgrund einer oberflächlichen Betrachtung ein *Othering* – ein gutgemeintes, aber nicht zielführendes Andersmachen von Anderen – und eine Einteilung in »wir und die« erzeugt wird, lehne ich das ab. Wir sprechen zu Hause nur Deutsch. Zum Leidwesen meiner Mutter kennt meine Tochter nur ein paar arabische Wörter. Gleichzeitig gibt es heutzutage viele Kinder, deren Muttersprache zwar Deutsch ist, die aber trotzdem große Sprachdefizite haben. Sie werden kein ndH in ihrer Akte stehen haben und keine Sprachförderung bekommen, obwohl diese bitter nötig wäre.

Etwas wie der ndH-Vermerk hat immer zwei Seiten: In dem Moment, in dem man auf Benachteiligungen aufmerksam macht und Kategorien bildet oder erhält, um diese Benachteiligungen zu reduzieren, trägt man gleichzeitig zu deren Verfestigung in den Köpfen bei. Man lenkt den Blick auf die Unterschiede und nicht auf die Gemeinsamkeiten. Man versucht vorwärtszukommen, und bleibt doch stehen.

Rassismus ist so vielfältig und kommt in so vielen unterschiedlichen Mustern daher, dass es manchmal gar nicht möglich ist, ihn klar zu benennen und zu sagen, wo genau er anfängt. Darum ist es extrem wichtig, über Rassismus zu sprechen, Erfahrungen zu teilen und als Gesellschaft dagegen anzukämpfen.

Ein wichtiger Schritt auf diesem Weg wäre, sich von denjenigen zu distanzieren, die den Begriff für politische oder persönliche Gewinne missbrauchen. Wenn beispielsweise Linksextreme die Debatte um Racial Profiling bei der Polizei dazu nutzen, um das Gewaltmonopol des Staates in Frage zu stellen und undifferenziert Kritik an der Polizei zu üben. Oder wenn der Berliner Senat die gleiche Debatte nutzt, um ein Gesetz zu verabschieden, das Polizisten unter Generalverdacht stellt. Häufig erlebe ich es auch, dass Erwähnungen von Missständen sofort als rassistisch abgetan werden, wenn sie Migration oder Integration betreffen. Als in der *Frankfurter Allgemeinen Zeitung* beispielsweise stand: »Damit aus Deutschland nicht ein gescheitertes Einwanderungsland wird, muss es von den Migranten verlangen, was als Mindeststandard auch für die alteingesessenen Deutschen gilt: sich an Recht und Gesetz zu halten«, antwortete die Organisation Neue deutsche Medienmacher*innen in einem Tweet: »Klassisches rechtes Framing: Migrant*innen halten sich nicht an Recht & Gesetz, sind kriminell. Migrant*innen sind keine Deutschen. Deutsche: gesetzestreu, Migrant*innen: kriminell. Das Bild zeigt anonyme Menschen ohne Gesicht: Migrant*innen sind bedrohlich. DAS ist bedrohlich.« Auch wenn ich manches differenzierter formulieren würde als es der Kommentator der *FAZ* getan hat, ist die Debatte über patriarchalische Strukturen und die damit einhergehende Gewaltbereitschaft mancher Migranten und Asylbewerber, absolut notwendig. Doch diese Debatte ist in manchen Kreisen gar nicht gewollt. Ich zum Beispiel bemühe mich immer, Zustände differenziert zu beschreiben und Kritik nicht verallgemeinernd zu formulieren, und trotzdem wird mir unterstellt, meine Aussagen seien rassistisch.

Es ist mir auch ein persönliches Anliegen, Rassismus nicht vorschnell in Handlungen und Aussagen hineinzuinterpretieren. Wenn mir ein Christ frohe Weihnachten wünscht, dann freue ich mich darüber. Ich könnte es aber auch als fehlende Sensibilität oder gar als Provokation verstehen, als Moslem von einem Christen so etwas gewünscht zu bekommen. Wenn mir ein Schüler sagt, er habe eine schlechte Note in Deutsch nur bekommen, weil er Araber ist, dann frage ich zurück, ob er auch wirklich gelernt und eine gute Note verdient hat.

Als ich nach Deutschland kam, war ich mir lange sicher, dass diese Gesellschaft durch und durch rassistisch ist. Ich schrieb Hunderte Lebensläufe und Bewerbungen, bewarb mich für die einfachsten Jobs und bekam oft nicht einmal eine Antwort. Warum habe ich jetzt Erfolg und damals nicht? Ist die Gesellschaft auf einmal nicht mehr rassistisch? Hatte ich mich damals nur für Jobs beworben, bei denen die Entscheider Rassisten waren? Oder habe ich selber auch Fehler gemacht? Es gibt Rassismus in dieser Gesellschaft. Das möchte ich auf keinen Fall kleinreden. Aber ich habe damals einfach sehr schlechte Lebensläufe und Bewerbungen geschrieben. Meine Deutschkenntnisse waren katastrophal. Mein Erscheinungsbild war sehr unsicher.

Was ich damit sagen will: Wir sollten unser eigenes Verhalten immer reflektieren, unser Schicksal aktiv in die Hand nehmen und unsere Umwelt mitgestalten. Wir sollten Verantwortung für unser eigenes Leben übernehmen.

Zurück zum Begriff Rassismus: Tatsächlich ist es so, dass es keine eindeutige Definition von Rassismus gibt. Es gibt Dutzende von Definitionen, die allesamt unterschiedliche Schwerpunkte setzen. Der Soziologe und Schriftsteller Albert Memmi schreibt in seinem Buch *Rassismus* dazu: »Es macht Schwierigkeiten, eine Definition des Rassismus zu finden, die allgemein akzeptiert wäre.« Rassismus, so sagt er, sei keine wissenschaftliche Theorie, sondern ein Komplex von zumeist widersprüchlichen Meinungen. Rassismus erscheine als der Sonderfall eines allgemeineren Verhaltens: »Die Verwendung tatsächlicher oder fiktiver biologischer Unterschiede, die aber auch psychologischer oder kultureller Art sein können. Der Rassismus erfüllt demnach eine bestimmte Funktion.«

Inzwischen weiß man, dass der Begriff der Rasse gar nicht hinreichend definiert werden *kann*, selbst wenn man es versuchte. Denn die Ideologie oder Geisteshaltung, Menschen in Rassen zu unterteilen, ist nicht nur unter sozialen, sondern vor allem auch unter humangenetischen und evolutionsbiologischen Gesichtspunkten falsch. Man kann Menschen nicht in Rassen einteilen. Das ist nicht möglich. Es ist wissenschaftlich erstens nicht nachweisbar und zweitens unsinnig, denn ursprünglich hatten alle unsere Vorfahren – selbst Vorfahren von blonden, sehr hellhäutigen Menschen – die dunkle Haut, von der irgendwann behauptet wurde, sie sei Merkmal einer bestimmten Menschenrasse.

Da also kein Mensch einer bestimmten Rasse angehört – oder alle der gleichen – und wir es daher mit einer irrationalen Kategorie zu tun haben, müsste man eigentlich von Diskriminierung aufgrund von Hautfarbe, Sprache, Religion, Staatsangehörigkeit oder nationaler oder ethnischer Herkunft sprechen. Nur: Es macht für die meisten Betroffenen keinen Unterschied, welchen Begriff man benutzt. Kulturelle und religiöse Diskriminierungen sind nicht besser als Diskriminierungen aufgrund von Hautfarbe oder Staatsangehörigkeit und die wiederum sind ähnlich schlimm wie Sexismus oder Diskriminierungen aufgrund von Behinderung, sexueller Orientierung, Dialekt oder Körperumfang. Sie spalten. Sie verletzen. Sie richten Schaden an – persönlichen wie gesellschaftlichen.

Aus diesem Grund benutze ich das Wort Rassismus und werde mich in diesem Buch an die Definition der Europäischen Kommission gegen Rassismus und Intoleranz halten: »›Rassismus‹ bedeutet die Überzeugung, dass ein Beweggrund wie Rasse, Hautfarbe, Sprache, Religion, Staatsangehörigkeit oder nationale oder ethnische Herkunft die Missachtung einer Person oder Personengruppe oder das Gefühl der Überlegenheit gegenüber einer Person oder Personengruppe rechtfertigt.«

Ich halte diese Definition auch deshalb für richtig, weil sie den Begriff Rassismus neutral bewertet und keine Wertung der unterschiedlichen Phänomene vornimmt, wie es inzwischen häufig von politisch gesteuerten Wissenschaftlern getan wird: Dort, wo das Phänomen in ihre Überzeugung passt, sprechen sie von Rassismus, dort, wo es nicht passt, von Diskriminierung. Ich beobachte beispielsweise, dass die gleichen Experten einerseits von antimuslimischem Rassismus sprechen und sich sogar für diesen Begriff einsetzen, andererseits aber immer wieder betonen, dass es Rassismus gegen Weiße nicht geben könne, oder dieses Phänomen als Diskriminierung abtun.

Nichtsdestotrotz sind die zugrunde liegenden Muster von Rassismus viel älter als das Wort selbst. Wir Menschen funktionieren so. Schon immer. Wir denken in Kategorien. Wir denken in »wir und die«. Wir teilen in Gruppen ein. Wir nehmen unsere eigene Gruppe sehr differenziert wahr und andere Gruppen als sehr homogen. Wir haben Vorurteile. In der Menschheitsgeschichte hat es keine Kultur gegeben, in denen solche Muster nicht vorhanden waren, sie hatten aber – je nach historischem und gesellschaftlichem Kontext – verschiedene Inhalte.

Die Wurzeln des Begriffs Rasse reichen ins späte Mittelalter. Populär wurde das Konzept von Menschenrassen während der Zeit der Aufklärung im 18. Jahrhundert, deren Ideale unter anderem Freiheit, Gleichheit, Brüderlichkeit, Humanität und Toleranz waren. Diese Ideale widersprachen allerdings massiv den Strukturen des Kolonialismus, die auf Annexion, Unterwerfung, Ausbeutung, Vertreibung, Entmenschlichung, Mord, Missionierung und Versklavung von Menschen fußten.

Es begann die Suche nach Legitimation. Die Wissenschaft lieferte sie: Als Europäer, als Weißer, wurde man als biologisch überlegen beschrieben. So wurden Rassen definiert. Mit akademischem Siegel. Durch vermeintlich objektive Naturwissenschaften legitimiert.

Selbst Philosophen wie etwa Immanuel Kant untermauerten dies. Zwar formulierte er auf der einen Seite den Kategorischen Imperativ als grundlegendes Prinzip ethischen Handelns: »Handle nur nach derjenigen Maxime, durch die du zugleich wollen kannst, dass sie ein allgemeines Gesetz werde.« Doch andererseits war auch er durch die damalige kollektive Weltanschauung geprägt, die ihn dazu brachte, nicht alle Menschen als gleichwertig zu betrachten. So teilte er Menschen in vier Rassen ein: »Die Menschheit ist in ihrer größten Vollkommenheit in der Rasse der Weißen. Die Gelben haben schon ein geringeres Talent. Die Neger sind weit tiefer. Und am tiefsten steht ein Teil der amerikanischen Völkerschaften.«

Europas intellektuelle Elite und Wissenschaft erfüllte damit also eine wichtige ideologische Funktion. Sie sorgte für eine theoretische Rechtfertigung und ein moralisches Selbstverständnis, weite Teile der Welt gewaltsam zu unterwerfen, und ebnete den Weg für das pseudowissenschaftliche Prinzip der Rassenhygiene, das im 20. Jahrhundert zu den zentralen Elementen der nationalsozialistischen Weltanschauung gehörte. Es diente dazu, den Holocaust an den europäischen Juden und die Ermordung von Sinti und Roma, homosexuellen und behinderten Menschen zu rechtfertigen.

Nach dem Holocaust und den daraus gezogenen Lehren verschwand der Rassismus aber nicht etwa. Er blieb. Lediglich die Akzeptanz, Menschen in Rassen zu unterteilen, nahm – zumindest in Deutschland – ab.

Wie unser Gehirn funktioniert

Eine homogene schwarze Menschengruppe gibt es genauso wenig, wie es eine homogene Frauengruppe gibt. Es gibt auch nicht *die* Muslime, *die* Juden oder *die* Deutschen. Jeder Mensch als Individuum gehört zwar vielen verschiedenen Gruppen an, die ihn alle prägen, sie rufen aber keine zwingenden Merkmale oder Eigenschaften im Menschen hervor, weder in Bezug auf Intelligenz, Kriminalität oder Gewaltbereitschaft noch in Bezug auf Gerechtigkeitssinn, Sportlichkeit, Musikalität oder anderes. Das sind: Klischees.

Meine Gruppen sind beispielsweise: Männer, Väter, Muslime, Palästinenser, Israelis, Deutsche, Migranten, Fußballfans, Berliner, Autofahrer, Schokoladenliebhaber. Diese Gruppen haben manchmal Schnittstellen, manchmal auch nicht. Manchen Gruppen fühle ich mich mehr zugehörig als anderen. In manchen bin ich freiwillig, in manchen nicht.

Natürlich kommt es vor, dass die Mitglieder einer Gruppe ähnliche Charaktereigenschaften haben. Man kann Menschen aber nicht bestimmte Charaktereigenschaften allein aufgrund einer Gruppenzugehörigkeit zuschreiben. Dafür sind Menschen zu komplex.

Doch woher kommt die permanente Kategorisierung? Ist sie angeboren, oder entsteht sie durch Sozialisation? Und könnte das Wissen über die Entstehung der Kategorisierung eine Legitimation von Rassismus sein? Nein, natürlich nicht. Aber es hilft uns zu verstehen, wo es anzusetzen gilt, um Gruppenkonflikte – egal welchen Ausmaßes – zu reduzieren und die Solidarität unter Menschen zu stärken.

Jeder Mensch kategorisiert. Jeder Mensch hat Vorurteile. Sie sind ein wesentlicher Bestandteil unserer Psyche. Das ist per se auch nichts Schlimmes. Vorurteile sind zunächst nur Gedanken, die es dem menschlichen Gehirn ermöglichen, die Komplexität des Lebens zu verkraften und Situationen und Ereignisse im Alltag zu erkennen und einzuordnen. Sie erleichtern unsere Denkarbeit, denn unser Gehirn hat nicht die Zeit und Kapazität, jedes kleinste Ereignis, das wir erleben, und jeden Menschen, dem wir begegnen, individuell zu betrachten und einer Analyse zu unterziehen. Um effektiv Informationen zu verarbeiten, müssen wir vereinfachen. Deshalb ordnen wir Menschen in Gruppen ein, entwickeln im Laufe der Zeit Gefühle, Haltungen und Einstellungen zu ihnen und rufen später automatisch jenes Wissen ab, das wir über diese Gruppen haben. Das gilt für positive Vorurteile – etwa: alle Brillenträger sind schlau – genauso wie für negative Vorurteile, wie: alle Berliner sind unfreundlich.

Vorurteile oder Einstellungen, die wir gegenüber Personen oder Gruppe haben, bestehen dabei aus drei Komponenten: der kognitiven, der affektiven und der Verhaltenskomponente.

Die kognitive Komponente ist das vermeintliche Wissen über eine Gruppe, auch Stereotyp genannt. Wenn dieses kognitive Wissen zu einem Urteil führt, dann spricht man von Vorurteil.

Die affektive Komponente ist das Gefühl, das in Bezug zu einem bestimmten Stereotyp ausgelöst wird.

Die Verhaltenskomponente schließlich ist das Verhalten gegenüber einer bestimmten Gruppe oder Person, die zu Diskriminierung und Gewalt führen kann.

Von den drei genannten Komponenten kann die Verhaltenskomponente am ehesten von uns selbst gesteuert werden. Bei der affektiven Komponente ist das nur bedingt möglich. An die kognitive Komponente kommen wir bewusst überhaupt nicht heran. Sich darüber im Klaren zu sein, ist der erste Schritt, sein eigenes Handeln und Denken zu reflektieren und im besten Fall Begegnungen jedes Mal neu zu bewerten.

Die Disposition für Kategorisierungen ist angeboren. Säuglinge kennen zwar noch keine Schubladen, doch sie entstehen früher, als man denkt. Nach aktuellem Stand der Forschung verfestigen sich Vorurteile als übergeordnete Kategorien in unserem Gedächtnis ab einem Alter von drei Jahren. In diesem Alter sind Kinder sehr wohl in der Lage zu erkennen, dass verschiedene Menschen verschiedenen Gruppen angehören und dass es essenzielle Unterschiede zwischen ihnen gibt. Das persönliche Umfeld aber entscheidet darüber, wie prägend diese Unterschiede für die Kinder werden und wie offen sie mit ihnen umgehen.

Kinder lernen durch Beobachtung, also am Modell. Das bedeutet, dass Erziehung nicht nur daraus besteht, was wir unseren Kindern sagen, sondern daraus, was wir unseren Kindern vorleben. Wer seinem Kind sagt, es soll nicht schimpfen, selbst aber ständig seine Partnerin oder seinen Partner anschreit, der wird dem Kind beibringen, dass schimpfen und schreien normal sind. Da kann man noch so viel erklären und das Gegenteil preisen.

Das Gehirn von Kindern saugt alles auf, was in ihrer Umgebung passiert und gesagt wird: im Elternhaus, im Kindergarten, auf der Straße, bei Freunden. Wer eigene Kinder hat, kennt das: Plötzlich kommen Sätze oder Wörter aus ihren Mündern, die man selber ständig äußert. Dieses Phänomen macht vor Vorurteilen keinen Halt.

Wie willkürlich Diskriminierungen sein können und wie unreflektiert sie von Menschen angenommen werden, haben zahlreiche Studien und Experimente in der Vergangenheit gezeigt, darunter die sehr bekannten Experimente *The Third Wave* und die *Blauäugig-Braunäugig-Übunge*n der US-amerikanischen Lehrerin Jane Elliott.

The Third Wave war ein Sozialexperiment, das der kalifornische Highschool-Lehrer Ron Jones 1967 mit seinen Schülern durchführte und auf dem der Roman *Die Welle* basiert. Auslöser war die Frage eines Schülers gewesen, wie es zum Nationalsozialismus hatte kommen können. Jones wollte seiner Klasse die Mechanismen faschistischer Bewegungen verdeutlichen und ihnen zeigen, wie schnell totalitäres Gedankengut in einer Gemeinschaft verankert werden kann. Dafür entwarf er die Bewegung mit dem Namen *The Third Wave* mit dem angeblichen Ziel, die Leistung der Schüler zu verbessern. Die Leitgedanken: »Stärke durch Disziplin« und »Kraft durch Gemeinschaft«. Jones stellte dafür neue Regeln in der Klasse auf, forderte strenge Disziplin, bestrafte Regelverstöße. Er forderte auf der einen Seite absoluten Gehorsam, entwickelte auf der anderen Seite aber ein Gefühl von Gruppenzugehörigkeit, das sich innerhalb von Tagen auf große Teile der Schülerschaft ausbreitete. Nach fünf Tagen brach Jones das Experiment ab. Verrat und

Gewalt gegenüber Andersdenkenden hatten sich so weit verbreitet, dass er das Experiment nicht mehr im Griff hatte.

Die erste *Blauäugig-Braunäugig-Übung* machte Jane Elliott 1968. Anlass war die Ermordung von Martin Luther King gewesen. Sie wollte ihrer Klasse zeigen, wie sich Rassismus anfühlt. Dafür teilte sie die Drittklässler aufgrund ihrer Augenfarbe in zwei Gruppen ein: Blauäugige und Braunäugige. Sie behauptete, die Blauäugigen seien langsamer, dümmer, fauler, aggressiver, emotionaler, hätten eine kürzere Aufmerksamkeitsspanne und könnten nicht so gut lernen. Sie wurden als unterlegen eingestuft und in der Folge genauso behandelt. Innerhalb kürzester Zeit übernahmen die privilegierten braunäugigen Schüler die Stereotype, und gleichzeitig begannen die Blauäugigen, sich tatsächlich unterlegen zu fühlen und unbewusst die anderen Stereotype durch ihr Verhalten zu bestätigen.

In den letzten Jahren beschäftigte sich auch Gil Diesendruck von der Bar-Ilan-Universität in Israel mit dem Thema Kinder und Rassismus. In einer seiner Untersuchungen wurden Kinder im Alter von drei und vier Jahren willkürlich in zwei Gruppen eingeteilt: die blaue und die gelbe. Jedem Mitglied der blauen Gruppe wurden daraufhin Bilder der anderen Kinder auf einem Bildschirm gezeigt. Bei jedem Kind wurde erwähnt, zu welcher Gruppe es gehört. Dann bekamen die Kinder Aufkleber und den Hinweis, sie könnten die Sticker beliebig mit allen Kindern teilen, die sie auf dem Bildschirm gesehen hatten. Die Mädchen verteilten die Aufkleber gleichmäßig an alle Kinder, unabhängig davon, zu welcher Gruppe sie gehörten. Die Jungen allerdings gaben den Mitgliedern ihrer blauen Gruppe mehr Aufkleber als den Mitgliedern der gelben Gruppe.

In einem weiteren Durchgang erwähnten die Forscher nicht nur die Gruppenzugehörigkeit der Kinder, die auf dem Bildschirm erschienen, sondern auch, ob die Kinder Aufkleber liebten oder überhaupt nicht mochten. Bei der späteren Verteilung der Aufkleber nahmen die Kinder Rücksicht auf die Präferenzen der eigenen blauen Gruppe: Sie verteilten viele Aufkleber an diejenigen, die angeblich Aufkleber liebten, und weniger an diejenigen, die keine Aufkleber mochten. Bei Kindern der gelben Gruppe berücksichtigten die Mädchen die Präferenz nicht – alle bekamen die gleiche Anzahl von Aufklebern –, die Jungen allerdings zeigten Formen von Diskriminierung: Wenn das Kind Aufkleber mochte, gaben sie ihm nur wenige, und wenn es Aufkleber nicht mochte, gaben sie ihm viele. Sie waren also nicht nur rücksichtslos gegenüber der anderen Gruppe, sondern auch bereit, sie zu bestrafen.

Was gegen solche Entwicklungen hilft, sind Begegnungen und Kontakte – und zwar hierarchiefreie Begegnungen –, in denen alle bereit sind, den anderen nicht nur zu tolerieren, sondern zu respektieren und zu akzeptieren, voneinander zu lernen und Gemeinsamkeiten zu entdecken oder zu entwickeln.

Das zeigte auch eine weitere Studie von Gil Diesendruck. Darin wurden israelische Kinder im Alter von fünf, acht und zwölf Jahren aus verschiedenen Bildungssystemen untersucht: jüdische Kinder, die jüdische Schulen besuchten, arabische Kinder, die arabische Schulen besuchten, und jüdische und arabische Kinder, die zusammen an zweisprachigen Schulen lernten. Sie stellten fest, dass alle Fünfjährigen gleichermaßen einen essenziellen Glauben an unterschiedliche soziale Kategorien hatten. Sie empfanden die jeweils andere ethnische Gruppe nicht nur als sehr homogen, sondern auch als sehr anders als sie selbst. Die älteren Kinder behielten die Neigung zur Kategorisierung eher, wenn sie ausschließlich jüdische beziehungsweise ausschließlich arabische Schulen besuchten. Bei denjenigen jedoch, die in gemischte Schulen gingen, nahm die Kategorisierung ab.

Ebenfalls wesentlich im Kampf gegen Diskreminierung ist eine Erziehung, die auf Empathie und gegenseitigem Respekt beruht. Ein Beispiel: Als meine Tochter drei Jahre alt war, kam sie eines Nachmittags zu meiner Frau und mir und fragte: »Warum ist die Haut von Johann so braun?« Sie fragte das mit all ihrer kindlichen Neugierde. Johann war neu im Kindergarten, und er war dort das einzige schwarze Kind. Das war einer der Momente, in dem meine Frau und ich als Eltern entscheiden konnten, wie unser Kind andere Menschen wahrnimmt. Wir erklärten ihr, dass die Hautfarbe von Menschen, genauso wie die Augen- und Haarfarbe davon abhängt, welche Haut-, Augen- und Haarfarbe die Eltern haben, und dass es Millionen von unterschiedlichen Hautfarben gibt. Dann wollte unsere Tochter unsere Arme vergleichen. Sie stellte fest, dass ihre Haut etwas dunkler war als die meiner Frau und meine Haut wiederum dunkler als ihre – und dass ich deutlich mehr Haare auf dem Arm hatte als sie.

Ich frage mich, wie unsere Tochter auf Johann zugegangen wäre, wenn wir ihr etwas anderes erzählt hätten, wenn wir etwas Negatives mit seiner Hautfarbe in Verbindung gebracht hätten. Wie hätte sie ihn am nächsten Tag behandelt? Was hätte sie ihren Freunden erzählt? Und wie würde sie mit anderen Menschen umgehen, wenn wir ihr vorlebten, dass es zum Beispiel bessere und schlechtere Religionen, Nationen, Sprachen oder eben auch Hautfarben gäbe? Und dass diese Kategorien die Persönlichkeit, Freundlichkeit oder Intelligenz eines Menschen beeinflussten?

Sind solche Kategorien erst einmal verinnerlicht und mit Bildern, Gefühlen und Vorurteilen gefüllt, ist es schwer, sie wieder loszuwerden. Das hat mit dem Effekt der sogenannten »kognitiven Dissonanz« zu tun. Wir wollen es vermeiden, dass Gedanken oder Wahrnehmungen innere Konflikte verursachen. Wir bevorzugen es, wenn etwas in sich schlüssig ist und unsere Einstellungen, Vorurteile und Weltbilder bestätigt. Zwiespältigkeit und Konfusion sind uns zuwider. Wir mögen es nicht, wenn Wahrnehmungen nicht zusammenpassen. Da wir nach Gewissheit streben – am liebsten sofort –, ordnen wir Menschen nicht nur blitzschnell in uns bekannte Kategorien ein, sondern ziehen passende Informationen vor und ignorieren unpassende. Das gibt uns ein Gefühl von Ordnung und Sicherheit und lässt uns deshalb so stark an Vorurteilen festhalten. Wenn ich beispielsweise davon ausgehe, dass Araber zu Diebstahl neigen, werde ich Nachrichten über klauende Araber viel intensiver aufnehmen und abspeichern als Nachrichten von klauenden Menschen, die keine Araber sind.

Ein anderes Beispiel: Anfang Juni 2020 kam es in einem Hochhaus-Komplex in Göttingen zu einem Corona-Ausbruch. Die Aufregung war groß, die Schuldigen schnell gefunden: Muslime, die das Zuckerfest gemeinsam gefeiert hatten und denen die Abstandsregeln egal zu sein schienen. Kurze Zeit später die Meldung: Ausbruch in Stralsund nach einem Gottesdienst in einer katholischen Kirche. Die Empörung darüber: kaum hörbar.

Warum war das so? Warum die unterschiedliche Bewertung? Der Psychiater, Psychologe, Psychotherapeut und Angstforscher Borwin Bandelow erklärte damals in einem Interview mit der ARD, warum es für viele Deutsche einen Unterschied macht, ob ein Ausbruch auf ein Zusammentreffen von Christen oder von Muslimen zurückzuführen ist: »Da kommen viele Vorurteile auf einen Schlag zusammen. Das hängt damit zusammen, dass wir in unserem Gehirn immer noch ein fremdenfeindliches Gebilde, ein altes Angstsystem, haben, das eigentlich durch das intelligente Vernunftsystem kontrolliert wird.« Doch wenn Menschen große Angst hätten wie in der Coronakrise, so Bandelow weiter, würden diese alten Anteile aktiviert. Dieses Angstsystem stamme aus einer Zeit, in der Menschen in Stämmen organisiert waren und es wichtig war, innerhalb des eigenen Stammes zusammenzuhalten. Da Stämme sich gegenseitig bekämpften, war es wichtig, sich gegen andere Stämme abzugrenzen. Diejenigen, bei denen das Stammesdenken stark ausgeprägt war, hatten gute Überlebenschancen. »Über Jahrtausende hat sich dieses Denken in unseren Köpfen festgesetzt, auch wenn es heute völlig überflüssig und unnötig und auch störend ist.« Dieses Denken aus den Köpfen der Menschen zu verbannen sei unmöglich, denn das Angstgehirn habe uns auch immer beim Überleben geholfen. Auch Intelligenz hilft dagegen nicht. Warum erklärte Borwin Bandelow so: »Intelligenz findet im Vernunftgehirn statt, während dieses primitive Angstgehirn auf der intellektuellen Stufe eines Huhnes ist.« Und zwar bei allen Menschen.

Die selektive Wahrnehmung wie im Fall der Corona-Ausbrüche wird übrigens von den sozialen Medien in großem Maße verstärkt, denn die Menschen, mit denen wir dort verbunden sind, und die Algorithmen lassen eine selektive Blase entstehen, in der unser Weltbild immer wieder bestätigt wird. In diesen Informationsblasen und Echokammern sprechen wir dann nur: mit uns selbst. Es reicht ein kurzer Blick in rechtsradikale Gruppen, um zu erfahren, wie ausschließlich gefährlich Ausländer sind.

Solch tief im Menschen verwurzelte Denkmuster wie die Bildung von Vorurteilen werden wir nicht eliminieren können, egal, wie sehr wir uns anstrengen. Wir werden *immer* Unterschiede bei der Wahrnehmung von bestimmten Menschen haben. Doch die gute Nachricht: Unser Gehirn ist fähig, unsere Reaktionen auf Vorurteile zu überdenken und zu ändern. Es kostet zwar Mühe, ist aber machbar. Ich selber merkte das beispielsweise, als ich anfing, mir Gedanken über Fahrradfahrer zu machen. Ich fahre selbst viel Auto und beobachtete immer wieder, wie Fahrradfahrer die Verkehrsregeln missachteten. Mit der Zeit kam ich zu dem Schluss: Fahrradfahrer sind schlechte Verkehrsteilnehmer. Und jedes Mal, wenn ein Fahrradfahrer wieder gegen die Regeln verstieß, machte mich das wütend und bestätigte mich in meinem Vorurteil. Nun, in Berlin gibt es kaum Straßen ohne Fahrradfahrer, so dass die Wut bald schon bei einer bloßen Begegnung in mir hochstieg, egal, was der Fahrradfahrer getan oder gelassen hatte. Ich kam so fast jeden Abend völlig entnervt zu Hause an. Es raubte mir unendlich viel Energie. Erst als ich anfing, darüber nachzudenken und auch meinen eigenen Anteil an all dem zu hinterfragen, als ich versuchte, die Sicht der Fahrradfahrer einzunehmen und sie zu verstehen, wurde es besser und ich konnte meine eigenen Gefühle mehr steuern.

Die Frage ist also, wie jeder Einzelne lernen kann, Vorurteile innerhalb von Begegnungen und bei seinen Handlungen zu reflektieren und zu hinterfragen und trotz möglicher Unterschiede dem Gegenüber empathisch entgegenzutreten. Die Frage ist auch: Gehen wir mit unseren Vorurteilen um, oder gehen unsere Vorurteile mit uns um?

Doch auch wenn wir in der Lage sind, Vorurteile zu reflektieren, dürfen wir nicht vergessen, wie viel Macht sie haben, wenn sie in großem Maßstab verbreitet und gesellschaftsfähig oder zur Normalität werden, es keinen oder zu wenig Widerspruch gegen sie gibt und sie in Handlungen münden, also in Diskriminierung oder Hass.

Woher kommt der Hass?

»Ich hasse das!« Wie oft habe ich das schon gehört? Wie oft habe ich das auch selbst gesagt? Wir benutzen die Wörter hassen und Hass ständig, verwechseln sie aber meist mit dem Gefühl von Wut. Wut ist alltäglich. Hass jedoch ist ein Gefühl extremer Abneigung und Ablehnung gegenüber anderen Menschen, Gruppen oder Institutionen. Hass ist eine intensive Form der destruktiven Aggression und das stärkste negative Gefühl, das es gibt.

Michael Depner, Facharzt für Psychiatrie und Psychotherapie, schreibt in seiner Buchreihe *Seele und Gesundheit* dazu: »Im Gegensatz zur Wut schlägt Hass Bedrohungen nicht nur zurück und ebbt dann ab. Er setzt zur Verfolgung an. Er hetzt.« Und: »Während der wütende Mensch sich selbst als Wert erkennt und deshalb im Grundsatz darauf aus ist, sich und seine Werte zu bewahren, nimmt ein Mensch, der hasst, seinen eigenen Schaden in Kauf. Mehr, als eigene Werte zu bewahren, versucht er, den Wert anderer herabzusetzen; im extremsten Fall, indem er sie vernichtet und die eigene Vernichtung dabei in Kauf nimmt. Während jeder gesunde Mensch unter bestimmten Umständen wütend werden kann, ohne dass das seiner Gesundheit Abbruch tut, ist Hass ein eindeutig psychopathologisches Phänomen. Er schadet nicht nur dem Opfer. Er schadet auch dem Täter stets mehr, als er ihm jemals nützen könnte.«

Hass ist immer eine Reaktion und hat immer eine Ursache. Wir werden nicht mit Hass geboren. Kinder können beispielsweise Wut fühlen, aber noch keinen Hass.

Die Grundvoraussetzung für Hass ist ein geringes Selbstwertgefühl: »Fühlt man sich bedroht, reagiert man mit Angst oder mit Aggression, um die Bedrohung abzuwehren«, schreibt Depner. »Ist man sich seines Wertes sicher, bleibt es bei der Wut. Fehlt es am Selbstwertgefühl, verliert man sich im Hass. […] Selbst wenn auch er in letzter Konsequenz etwas beschützen will – die Ehre oder die Freiheit dessen, der ihm verfällt –, ist er jedoch grundsätzlich destruktiv. Das hat mit einer psychologischen Bedingung zu tun, die ihm zugrunde liegt: einem fehlenden oder zerbrechlichen Selbstwertgefühl.«

Die Wurzeln dieses geringen Selbstwertgefühls liegen in der Kindheit. Wir sind das Ergebnis unserer Erziehung. Erst wenn wir uns das klarmachen und verstehen, was wir unseren Kindern antun können, wenn wir ihnen eine gesunde Entwicklung verwehren, werden wir Hass verstehen.

Ich spreche hier von physischer und psychischer Gewalt. Ich spreche von sexuellem Missbrauch durch Väter und Mütter. Ich spreche von Familien, in denen die Beziehung der Eltern auf gegenseitiger Verachtung und Betrug aufgebaut ist, was zur Verletzung des Urvertrauens der Kinder und damit zu massiven Beeinträchtigungen des Selbstwertgefühls führen kann. Ich spreche von Familien, in denen sich Kinder irgendwann mit ihrem Aggressor identifizieren, um sich psychisch vor dessen Gewalttätigkeit und Verachtung zu retten, um zu überleben. Irgendwann wenden sie selbst Gewalt an – Gewalt, die ihnen vorher angetan worden ist. Ich spreche von Familien, in denen Mädchen weniger wert sind nur aufgrund ihres Geschlechtes. Ich spreche von Familien, in denen Kinder nur Anerkennung bekommen, wenn sie gehorchen, wenn sie Leistungen erbringen. Ich spreche von Familien, in denen Kinder immer wieder gesagt bekommen: »Du kannst das, du schaffst das«, aber nie gefragt werden, ob sie »das« auch wollen. Ich spreche aber auch von Kindern, die mit einem Gott aufwachsen, der nur erniedrigen, bestrafen und vernichten will. Diese in der Kindheit stattgefundenen Verletzungen und Kränkungen, die Angst vor einer persönlichen Vernichtung und die Unterdrückung der eigenen Bedürfnisse und Wünsche sind der Ursprung dieses zerstörerischen Hasses. Dort liegt seine Wurzel und dort liegt auch die mögliche Therapie für eine bessere Gesellschaft.

Menschen leben Hass und seine Destruktivität aus, weil sie Angst vor sich selbst haben, vor ihrer Leere und Bedeutungslosigkeit. Sie wollen ausgrenzen und demütigen, damit sie sich nicht mit sich selbst beschäftigen müssen, weil sie keine stabile Identität, kein Selbstwertgefühl haben. Sie folgen Ideologien, Göttern, Führern und versprechen sich davon Bedeutung. Sie glauben einer Lüge, weil sie die Wahrheit nicht ertragen können.

Man kann die Biographien jeglicher Attentäter anschauen: Ihnen wurde als Kind die Möglichkeit verwehrt, ein Selbstwertgefühl zu entwickeln. Mit ihrem Terror projizieren sie das auf ihre Opfer, was sie in der Kindheit erlebt beziehungsweise nicht bekommen haben.

Eltern schaffen die Fundamente für diese Pathologie. Terrorismus entsteht in der Beziehung von Eltern zu ihren Kindern. Kinder, die bedingungslos geliebt werden, die ein Urvertrauen entwickeln konnten und genügend Raum für ihre Selbstentfaltung haben, werden nicht hassen. Sie werden keiner zerstörerischen Gewalt blind folgen.

Die einzige Lösung, um Hass abzubauen, ist es also, Kindern ihre Kindheit zurückzugeben. Die Förderung und Entwicklung eines Selbstwertgefühls müssen für Eltern genauso wichtig sein wie die Versorgung mit Nahrung und die Gewährleistung von Sicherheit.

Natürlich mündet ein geringes Selbstwertgefühl nicht automatisch in Hass. Es gibt auch Menschen mit geringem Selbstwertgefühl, die niemals hassen. Hass, und in der Folge auch Radikalisierung und Gewalt, kann sich nur entwickeln, wenn das geringe Selbstwertgefühl auf bestimmte Vorurteile und Ideologien trifft, also kanalisiert wird. Nur dann! Deshalb warne ich davor, diese Menschen als psychisch krank anzusehen, auch wenn Hass ein psychopathologisches Phänomen ist. Dies würde nicht nur die Konsequenzen ihres Verhaltens verharmlosen, sondern auch eine intensive Auseinandersetzung mit den Ideologien, die hinter dem Hass stehen, verhindern.

Die Kategorisierung von Menschen in Gruppen und die Entwertung anderer Gruppen mit dem Ziel, sich selbst oder die eigene Gruppe aufzuwerten, ist dabei das Fundament jeglicher extremistischen Ideologie. Ob es Islamisten, Graue Wölfe, Nationalisten, Links- oder Rechtsradikale sind, jede Ideologie enthält immer ein einfaches Weltbild: Wir, sprich, die Mitglieder meiner Gruppe, sind gut, überlegen und kennen die Wahrheit. Die anderen, eine homogene Feindgruppe, sind meistens bösartig oder minderwertig.

Gibt es eine Lösung? Ein Mittel dagegen? Ja: Selbstwertgefühl, Moral und Mitgefühl – für andere, aber vor allem auch für uns selbst. Wir müssen sie nur lernen (dürfen).

Nir

Nir war elf Jahre alt, als er mit seinen Eltern und seinem kleinen Bruder nach Deutschland kam. Sein Vater hatte einen Job bei einer Hightech-Firma in Berlin angeboten bekommen und ihn nach langem Überlegen angenommen: Einerseits war es hart, ihre Familie und Freunde in Israel zurückzulassen, andererseits war der neue Job gut für die Karriere, und außerdem verdiente er dort mehr Geld. Eine passende Wohnung – groß, hell, frisch renoviert, mit Balkon und zwei Kinderzimmern – hatten sie per Internet gefunden. Der Umzug sollte im Frühsommer sein.

In Deutschland angekommen, richteten sie die Wohnung ein, erkundeten Kreuzberg, ihren Kiez, und den Rest der Stadt. Sie genossen den Sommer, machten Ausflüge zu viert und kochten zusammen. Nir war selig. So viel Zeit nur mit seinen Eltern und seinem Bruder hatte er noch nie verbracht. In Israel war immer jemand da gewesen, wenn nicht Tanten und Onkels, dann die Großeltern oder Freunde. Ihr Haus war stets voll gewesen, und Nir hatte sich oft übersehen gefühlt. Doch jetzt, hier in Berlin, hatten sie nur einander.

Nir und seine Eltern machten einen Crashkurs in Deutsch. Der Junge war ehrgeizig, lernte schnell, und bald schon konnte er die ersten Sätze sagen.

Nach dem Sommer kam Nirs kleiner Bruder David in den Kindergarten und Nir in die Schule, deren Direktor im Vorgespräch mit den Eltern immer wieder betont hatte, dass seine Schule ein Vorbild für ein friedliches Zusammenleben aller Kulturen sei. Nir fand schnell Freunde, vor allem auch, weil er gut Fußball spielte.

Eines Tages forderte ihn ein Lehrer auf: »Erzähl doch mal, wie ist das so in Israel?« Nir wusste nicht, was der Lehrer meinte, aber er wollte nicht dumm dastehen und redete einfach drauflos. Er sprach über sein Leben, über die Schule und seine Freunde, über die Sonne, die immer schien, und über die staubigen Bolzplätze. »Und wie ist das mit den Religionen bei euch?«, fragte der Lehrer. Es war der nett gemeinte Versuch, Brücken zu bauen, doch Nir wusste wieder nicht, was er sagen sollte. Was war das überhaupt für eine Frage: Wie ist das mit den Religionen bei euch? Was meinte der Lehrer? Und so erzählte Nir von den jüdischen Festen, die sie immer mit der ganzen Familie feierten und von dem leckeren Essen, das es dabei gab. Er sah die Blicke seiner Mitschüler nicht, die die Augen zusammenzogen, weil sie jetzt erst begriffen: Nir war Jude.

Als Nir das nächste Mal auf dem Fußballplatz war, rief ein Junge: »Hey Judas, gib den Ball ab!«

Als Nir mit seinen Freunden beim Mittagessen saß, sagte einer von ihnen: »Hey, ich mag dich, du bist korrekt, auch wenn du Jude bist.«

Als Nir in der Pause im Hof stand, kam ein Mitschüler zu ihm und fragte: »Gehst du eigentlich irgendwann zur Armee?«

Das Mobbing fing schleichend an.

Ein paar Wochen später kamen Meldungen, das israelische Militär habe Raketen auf Gaza abgefeuert. Menschen waren ums Leben gekommen. Nirs Mitschüler, die Videos und Berichte im Internet gesehen hatten, fragten ihn: »Warum hasst ihr Juden die Palästinenser eigentlich so?«

In diesem Moment schlug die Stimmung um: Aus Ablehnung wurde Feindseligkeit. Als Nir sich am nächsten Tag auf seinen Platz setzte, stand auf dem Tisch in großer schwarzer Schrift: »Mörder!!!«

Als er nach Hause ging, fing ihn eine Gruppe von älteren Jungen ab. Sie stießen ihn zu Boden, traten ihm in den Bauch und riefen: »Drecksjude!« Dann rissen sie Nir den Rucksack aus der Hand, rannten weg und warfen ihn in ein Gebüsch.

Die Lehrer schalteten sich ein, riefen die Eltern an und sagten, es gebe einen Streit unter den Schülern. Sie führten lange Gespräche, auch mit dem Direktor, in denen das Wort Antisemitismus jedoch kein einziges Mal fiel. Im Nachhinein, sagen Nirs Eltern, hatten sie das Gefühl, so etwas dürfe es nicht geben. Nicht an dieser Schule!

Doch im konkreten Moment unterschätzten beide die Situation. Da war nur das Gefühl, den Konflikt zwischen Arabern und Juden, den sie dachten, hinter sich gelassen zu haben, jetzt wieder deutlich vor sich zu sehen. Diesmal ausgetragen von Kindern. Nirs Eltern fühlten sich machtlos, wollten keinen Aufstand machen und hatten Angst vor der Reaktion des Schulleiters, der doch so stolz auf seine Schule war.

Nir litt. Es verging kein Tag, an dem er keine physischen oder psychischen Verletzungen abbekam. Er wurde stiller, versuchte, sich anzupassen, nicht mehr aufzufallen, hörte auf, Fußball zu spielen. Seine Nachmittage verbrachte er in seinem Zimmer, in das er niemanden mehr ließ, auch David nicht. Er sagte immer wieder, er wolle zurück – zurück nach Hause. Die Begeisterung für Deutschland war verdrängt worden von Angst und von der Sehnsucht nach Oma und Opa.

Die Eltern wussten nicht, wie sie Nir helfen konnten. Sie waren überfordert und zerrissen zwischen den eigenen Sorgen, auch denen, die eine Migration mit sich bringt, und der Unkenntnis über die genauen Strukturen, in denen sich Nir jeden Tag zurechtfinden musste. Sollten sie das Mobbing doch an die große Glocke hängen? Würden sie Nir damit nicht noch mehr schaden? Sollte Nir die Schule wechseln?

Weil sie wussten, dass Begegnung oft das beste Mittel ist, um Differenzen zu überwinden, beschlossen sie gemeinsam mit Nir, seinen zwölften Geburtstag mit einer riesigen Party zu feiern. Alle Mitschüler sollten eingeladen werden. Stundenlang saßen sie an den Vorbereitungen, überlegten, was es zu essen geben sollte und welche Aktivitäten sie machen würden, und schrieben aufwendige Einladungen, die Nir am nächsten Tag in die Spinde der anderen legte. Es sollte perfekt werden.

Alle sagten zu. Nir konnte das kaum glauben, war überglücklich und überzeugt: Jetzt würde alles anders werden.

An seinem Geburtstag hatten seine Eltern einen schönen Frühstückstisch gedeckt, doch Nir bekam vor lauter Aufregung keinen Bissen herunter. Die ganze Wohnung war dekoriert, tagelang hatten sie gemeinsam gekocht. Alles war vorbereitet. Vorfreude, Nervosität.

Auf die Einladungen hatte Nir geschrieben, es würde um 13 Uhr losgehen. Um 12 Uhr fing sein Herz an zu rasen. Er lief hin und her. Er wartete. Um 13 Uhr schloss er die Augen, versuchte, langsamer zu atmen. Die Klingel blieb stumm. Um 14 Uhr lief er die Treppen hinunter, um zu prüfen, ob sie kaputt war. Sie funktionierte. Um

14:30 Uhr sagte Nirs Mutter, die anderen würden vielleicht den Weg nicht finden. Sie schaute aus dem Fenster. Es wurde 15 Uhr. Nichts. Niemand. Um 16 Uhr saß Nir weinend auf seinem Bett.

Am nächsten Tag meldeten die Eltern Nir krank. Er wolle lieber sterben, sagte er, als dorthin zurückzukehren. Die Enttäuschung, der Schmerz, die Demütigung waren zu groß. Alles war jetzt besser, als in die Gesichter seiner Mitschüler blicken zu müssen und ihre Genugtuung über ihr kollektives Nichterscheinen auszuhalten.

Nirs Mutter ging am Tag darauf in die Schule, versuchte dem Klassenlehrer halb auf Deutsch, halb auf Englisch Nirs Schmerz und seine Not klarzumachen. Seine Antwort: »Es tut mir leid, aber die Lehrer sind in Deutschland wirklich nicht für außerschulische Aktivitäten verantwortlich.«

Ein paar Wochen später kündigte Nirs Vater seine Arbeit, dann die Wohnung. Er wusste nicht, wie das Leben weitergehen würde, nur eines wusste er: Es würde nicht in Deutschland sein.

Antisemitismus

Im Judentum gibt es ein Fest, das Purim genannt wird. Es wird gefeiert, um an die Rettung der persischen Juden im 5. Jahrhundert vor Christus durch die Königin Ester zu erinnern. Laut Altem Testament wollte Haman, der höchste Regierungsbeamte des persischen Königs, damals alle Juden an einem Tag ermorden. Der Grund: Er war verärgert darüber, dass der Jude Mordechai sich nicht vor ihm verneigt hatte. Was danach geschah, wird im Alten Testament so beschrieben: »Und Haman sprach zum König Ahasveros: Es gibt ein Volk, verstreut und abgesondert unter allen Völkern in allen Provinzen deines Königreichs, und ihr Gesetz ist anders als das aller Völker, und sie tun nicht nach des Königs Gesetzen. Es ziemt dem König nicht, sie gewähren zu lassen. Gefällt es dem König, so lasse er schreiben, dass man sie umbringe; so will ich zehntausend Zentner Silber darwägen in die Hand der Amtleute, dass man's bringe in die Schatzkammer des Königs.«

Ob diese Geschichte wirklich stattgefunden hat oder nicht, ist erst mal unwichtig. Tatsache ist, dass sie in den jüdischen Narrativen zweieinhalbtausend Jahre überlebt hat und daraus ein Fest entstanden ist, das die Juden jedes Jahr feiern. Diese Geschichte ist entstanden, noch bevor Christen die Juden als Gottesmörder bezeichneten. Noch bevor die Kreuzfahrer bei ihrem ersten Kreuzzug im 11. Jahrhundert rheinländische Juden willkürlich ermordeten. Noch bevor Mohammed die jüdischen Stämme auf der arabischen Halbinsel zunächst versuchte anzuwerben und sie dann, als sie sich weigerten, bis zur Vernichtung bekämpfen ließ.

Ablehnung, Verfolgung, Hass und Mord, Angst, Verachtung, aber auch Neid und Bewunderung: Juden leben seit Jahrtausenden als *die anderen* in den unterschiedlichsten Gesellschaften. Egal, in welchem Zeitalter und unter welchen Bedingungen sie lebten; egal, wie sich die Gesellschaft zusammensetzte; egal, was sie getan haben, welche Sprache sie sprachen, ob sie sich anpassten, ihre Namen änderten, reich waren oder arm, religiös oder säkular, sie waren immer die anderen und blieben es. Zudem waren sie diejenigen, die immer wieder für Krisen in der Welt verantwortlich gemacht und denen immer wieder Eigenschaften der Übermacht zugeschrieben wurden, wie heute beispielsweise die heimliche Kontrolle der Medien- und Finanzwelt, ja gar der gesamten Weltordnung.

Leon Pinsker, jüdischer Arzt, Journalist und Aktivist, schrieb 1882 in seinem Essay *Autoemanzipation*: »Resümieren wir das Gesagte, so ist der Jude für die Lebenden ein Toter, für die Eingeborenen ein Fremder, für die Einheimischen ein Landstreicher, für die Besitzenden ein Bettler, für die Armen ein Ausbeuter und Millionär, für die Patrioten ein Vaterlandsloser, für alle Klassen ein verhaßter Konkurrent.«

Was sind die Gründe für all das? Das ist eine Frage, die schon viele Philosophen und Wissenschaftler beschäftigt hat, Hannah Arendt genauso wie Sigmund Freud oder Abraham B. Yehoshua. Die für mich noch wichtigere Frage ist: Wie konnten die Ablehnung und der Hass so lange überleben?

Ist es die Angst vor den vermeintlich mächtigen Juden, weil diese glauben, das auserwählte Volk zu sein? Ist es die Ähnlichkeit zwischen den drei großen monotheistischen Religionen – Judentum, Christentum und Islam? Ist es der Kampf um die Liebe Gottes? Ist es Neid, weil das Judentum der Ursprung dieser Religionen ist? Ist es die im Judentum sehr besondere Verzahnung von Religion und Nation? Ist es die jüdische Tradition, in unterschiedlichen Ländern und unter unterschiedlichen Völkern leben zu können? Oder die weltweite Solidarität unter Juden?

Der SS-Obersturmbannführer Adolf Eichmann, der für den millionenfachen Mord an Juden im Zweiten Weltkrieg verantwortlich war, sagte 1957, vier Jahre bevor ihm der Prozess gemacht wurde und er noch als freier Mann in Argentinien lebte: »Unsere Aufgabe für unser Blut und unser Volk und für die Freiheit der Völker hätten wir erfüllt, hätten wir den schlauesten Geist der heute lebenden menschlichen Geister vernichtet. Denn das ist's, [...] was ich immer gepredigt habe: Wir kämpfen gegen einen Gegner, der durch vielvieltausendjährige Schulung uns geistig überlegen ist.«

Bei Adolf Hitler klang das selbst kurz vor seinem Tod kaum anders. In seinem letzten politischen Testament beschreibt er die Juden als die Übermächtigen, diejenigen, die den Zweiten Weltkrieg provoziert haben: »Es ist unwahr, daß ich oder irgendjemand anderer in Deutschland den Krieg im Jahre 1939 gewollt haben. Er wurde gewollt und angestiftet ausschließlich von jenen internationalen Staatsmännern, die entweder jüdischer Herkunft waren oder für jüdische Interessen arbeiteten.« Weiter heißt es: »aber aus den Ruinen unserer Städte und Kunstdenkmäler wird sich der Hass gegen das letzten Endes verantwortliche Volk immer wieder erneuern, dem wir das alles zu verdanken haben: dem internationalen Judentum und seinen Helfern.«

Derselbe Hitler, der in der Lage war, ohne bemerkenswerten Widerstand der Weltgemeinschaft Juden systematisch zu vernichten, sechs Millionen von ihnen zu ermorden, sprach trotzdem noch von einer Übermacht der Juden?

Es gibt so viele Theorien, Vermutungen, Analysen, die allesamt keine eindeutige Antwort auf die Frage finden, warum Antisemitismus entstanden ist und sich so lange gehalten hat. Auch ich finde keine Antwort – vielleicht ist es einfach nicht möglich, das Irrationale rational zu erklären.

Schaut man auf die lange Geschichte antisemitischer Taten, sieht man deutlich, dass es für die Ablehnung und den Hass keinen Anlass braucht. Nichts, was ein Jude macht, wird sie mildern. Sollen die Juden schuld daran gewesen sein, dass die Kreuzfahrer sie auf ihrem Weg nach Jerusalem ermordeten? Wo soll die Schuld der jüdischen Opfer gelegen haben in dem koscheren Supermarkt in Paris, dem jüdischen Museum in Brüssel, der Synagoge in Kopenhagen oder in Toulouse, Malmö, Göteborg, Berlin? Überall wurden Menschen verletzt oder getötet. Begleitet wurden die Vorfälle von einem steigenden Gefühl der Unsicherheit und einem Gefühl der Hoffnungslosigkeit: schon wieder.

Was verbindet diese so unterschiedlichen Menschen, die an so unterschiedlichen Orten Opfer wurden, als allein die Tatsache, dass sie von den Tätern als Juden wahrgenommen worden waren?

Hat der Täter, der im Oktober 2019 einen Anschlag auf die Synagoge von Halle verübte, sich mit dem Judentum auseinandergesetzt, es studiert, mit Juden Gespräche geführt und sich dann letztendlich für den Anschlag entschieden? Nein.

Diese Täter leben in einer Phantasiewelt. Weder Tatsachen noch gute oder schlechte Erfahrungen mit Juden oder gutes oder schlechtes Verhalten von Juden ändern etwas an ihrem Hass.

Als dem Täter von Halle im Juli 2020 der Prozess gemacht wurde, sagte er, es mache die Juden so gefährlich, dass man sie nur schlecht von Weißen unterscheiden könne. Er bezeichnete sie pauschal als Feinde und war sich sicher, die Flüchtlingskrise 2015 sei von ihnen gesteuert gewesen.

Auch Versuche, Antisemitismus durch bestimmte Eigenschaften, Persönlichkeitsstrukturen oder Verhaltensweisen von Juden zu begründen – ja, solche Versuche gibt es immer noch! –, entbehren jeglicher Grundlage. Denn genauso wenig, wie man Menschen pauschal bestimmte Persönlichkeitsstrukturen aufgrund ihrer Hautfarbe zuschreiben kann, gibt es *den* Juden.

Antisemitismus ist die Pathologie der Antisemiten. Und zwar ausschließlich. Genauso wie Rassismus die Pathologie der Rassisten ist. Trotzdem wäre es falsch und verhindert eine ernsthafte Reflexion über Antisemitismus, diese beiden menschenverachtenden Phänomene gleichzusetzen. Warum? Weil es unter denjenigen, die Rassismus bekämpfen wollen, auch Antisemiten gibt. Beispiel: Islamisten, muslimische Nationalisten oder Linksextremisten, die sich nicht mit ihrem eigenen Antisemitismus auseinandersetzen oder ihn als Israelkritik deklarieren. Auch die Tatsache, dass migrantische Gruppierungen häufig Opfer von Rassismus, gleichzeitig aber auch Verbreiter von Antisemitismus sind, kann zu der Auffassung führen, die Auseinandersetzung mit der eigenen Haltung zu Juden oder Israel (aber auch mit eigenen Diskriminierungsmustern ganz allgemein) sei nicht notwendig: Wenn ich Opfer bin, kann ich nicht gleichzeitig Täter sein. Gleichzeitig sind Aussagen wie »Gestern Juden, heute Muslime«, wie sie häufig zu hören sind, eine Verharmlosung des Holocaust. Es gibt keine systematische Verfolgung von Muslimen durch staatliche Institutionen. Es gibt keinen Plan zur Vernichtung der Muslime.

Die französische Autorin Delphine Horvilleur beschreibt in ihrem Buch *Überlegung zur Frage des Antisemitismus* eindrücklich die Unterschiede zwischen den beiden Phänomenen: »Es gibt einen grundlegenden Unterschied zwischen Antisemitismus und anderen Rassismen. Letztere hassen den anderen im Allgemeinen für das, was er nicht hat: die gleiche Hautfarbe, die gleichen Bräuche, die gleichen kulturellen Referenzen oder die gleiche Sprache. Sein ›nicht-wie-ich‹ erscheint dem Rassisten als ein ›weniger-als-ich‹, und so wird der andere rasch als unfertig oder minderwertig abgestempelt. Ein Barbar im Sinne der Griechen, ein Mensch, der auf primitive und lächerliche Weise zu stottern scheint, bar… bar… Man müsste nur dessen Hautfarbe ändern und seinen Akzent tilgen, damit der Hass sich verflüchtigt oder abklingt. Die Juden hingegen werden meist für das gehasst, was sie haben, nicht für das, was sie nicht haben. Wir werfen ihnen nicht vor, weniger als wir zu haben, sondern im Gegenteil, etwas zu besitzen, was eigentlich uns zufallen sollte und was sie offenbar unrechtmäßig an sich gebracht haben. Wir werfen ihnen vor, Macht, Geld, Privilegien oder Ehrungen zu beanspruchen, die uns selbst verwehrt bleiben.«

Weiter schreibt sie: »Keine Veränderung seines Verhaltens würde diesen Groll oder Neid mildern können. Die Juden verkörpern in jeder Lebenslage etwas Überschüssiges: Etwas an ihnen ist zu viel, mehr als nötig oder ›mehr, als ich selbst habe‹. […]

Ihr Leid hat etwas Überschüssiges und damit Unerhörtes. Ihre Vorgeschichte als Opfer oder Diskriminierte, die sich eigentlich doch wie eine Subtraktion, ein ›Weniger als ich‹ äußern müsste, wirkt paradoxerweise wie ein ›Mehr‹, wie ein beneidenswerter Vorteil.«

Letzteres beobachte ich besonders in Deutschland.

Man könnte mir durchaus Naivität vorwerfen, dass ich geglaubt hatte, ausgerechnet in Deutschland würde ich Frieden finden vor der notorischen Ablehnung von Juden und allem Jüdischen, als ich Israel 2004 verließ. Ich hatte gehört, dass gerade in Deutschland die Vergangenheit aufgearbeitet, das Bewusstsein für Antisemitismus stark und der soziale Friede sicher seien. Außerdem dachte ich: Sowieso wird es überall besser sein als im politisch zerklüfteten Israel.

Doch ich erlebe hier und heute einen neuen Albtraum des Antisemitismus. Antisemitismus ist nicht wieder da – er ist noch immer hier, er wird lauter und aggressiver, in nahezu allen Milieus.

In meiner täglichen Arbeit zur Deradikalisierung, zur Aufklärung über Antisemitismus, Islamismus und Rechtsradikalismus begegne ich den vielen Gestalten des Phänomens, die eine der größten Herausforderungen im Kampf gegen Antisemitismus sind: Antisemitismus trägt nicht nur Glatze, Springerstiefel und Baseballschläger oder salafistische Gewänder. Antisemitismus trägt Krawatte und Tweed-Sakko, Hosenanzug, Jeans, T-Shirt und Blaumann, Sommerkleid und Trainingsjacke. Er brodelt in Institutionen, in Schulen, Banken und auf Baustellen und zeigt sich damit in seinem schwer zu (be-)greifenden Ausmaß.

Die alten Zerrbilder, die Juden als Verkörperung des Bösen darstellen, wirken fort. Waren es früher wahlweise Pest und Seuchen, Kommunismus oder Kapitalismus, nutzt man heute Label wie Establishment, Ostküste Amerikas, Zionisten und Israel, um Ressentiments und Aberglauben auszudrücken. Antisemitismus traut sich wieder ans Licht, in Deutschland, Frankreich und vielen anderen westlichen Staaten wagen es immer mehr Leute, offen auszusprechen, was sie über Jüdinnen und Juden, Israel und Zionismus zu wissen glauben.

Gleichzeitig interessieren sich die Menschen nur wenig für das sichtbare und selbstbewusste jüdische Leben im Land. Das fällt mir bei meiner Arbeit immer wieder auf.

Was sie – vor allem in der Schule – über jüdisches Leben lernen, sind vor allem Opfernarrative. Daraus entsteht unter anderem die unrealistische Erwartungshaltung, dass Juden per se moralisch besser als normale Leute sein müssten, da ihnen großes Unrecht geschehen ist. Daneben steht das Opferbild, wonach sich Juden lammfromm zur Schlachtbank haben schleppen lassen.

Die meisten Menschen in Europa haben ein einfaches Rezept für den Umgang mit den gestorbenen und ermordeten Juden: Man baut Museen, Gedenktafeln, hält Reden. »Nie wieder!« mag in Europa ein Slogan sein. Für die Juden, die Israel aufgebaut haben und die dort leben, ist es ein Lebensmotto! Deshalb ist das heutige Israel irritierend.

Ein lebendiger, selbstbewusster Staat, der sich für seine Fortexistenz starkmacht und proaktiv, auch militärisch, für seine Rechte kämpft – das passt nicht zum Ressentiment. Autonome, kreative Israelis, die einfach nur ihr Leben leben, mit mehr oder weniger Erfolg – all das passt nicht zum Opferlamm, das man bemitleiden und neben dem man sich großzügig fühlen kann. Diese Dissonanz führt zu Unbehagen und Irritation.

Zu alldem gesellt sich das alte Misstrauen, dass Juden doch an *irgendetwas* schuld gewesen sein müssen, um derart verfolgt zu werden, wie man es in der Schule gelernt hat. Einfach nur durchschnittliche Menschen, gute und mittelmäßige, freundliche und weniger freundliche passen nicht in dieses Bild. Befeuert wird dieses Misstrauen durch Verschwörungstheorien, die für vermeintliche Ordnung und Logik sorgen.

Andere wiederum wollen zeigen, dass sie aus der Geschichte gelernt haben und moralischer geworden sind. Deshalb, so scheint mir, fühlen sich insbesondere Deutsche nicht nur zu den Gegnern Israels in der arabischen Welt hingezogen, sondern auch dazu berufen, Israel sein eigenes unmoralisches Handeln aufzuzeigen und zu erklären, wie man die Konflikte im Nahen Osten löst. Dies gipfelt in der gern wiederholten Phrase, Israelis seien »die neuen Nazis«.

Anfang Juli 2020 hielt Gregor Gysi im Bundestag eine Rede. Er sagte: »Der Ruf von Israel wird bei Realisierung der Annexionspläne weltweit deutlich negativer. Das trifft auch überall Jüdinnen und Juden. Weder sie noch Israel werden dadurch sicherer, im Gegenteil.«

Das klingt, als habe es Antisemitismus vor der Gründung Israels nicht gegeben oder als ob er anhand der israelischen Politik zu erklären wäre. Nein, der Nahostkonflikt ist nicht die Ursache für Antisemitismus. Antisemitismus ist die Ursache für den Nahostkonflikt.

Ich erinnere mich auch an eine Diskussion mit intelligenten, jungen Politikstudentinnen und -studenten an einer deutschen Universität. Dort bekam ich im Oktober 2019 zu hören, Israel begehe einen Genozid an den Palästinensern und sei Verursacher der meisten Konflikte in der Welt. Auch hier wieder der Satz, Israelis seien die neuen Nazis.

Auf meine Frage an die Gruppe, wie viele arabische Opfer es nach ihrer Schätzung seit der Gründung Israels durch den arabisch-israelischen Konflikt gab, waren sie schnell mit Zahlen zur Hand: »So um die drei bis vier Millionen«, oder: »Bestimmt sechs Millionen Tote!«. Ich klärte sie darüber auf, dass offizielle Statistiken von etwa hunderttausend Toten seit 1948 ausgehen – und dass es allein im syrischen Bürgerkrieg in den letzten acht Jahren fast eine halbe Million Tote gegeben hatte. Zusätzlich fast neunzig Millionen Tote weltweit durch Kriege und Konflikte seit 1948. Natürlich sind auch die hunderttausend Tote hunderttausend zu viel – gar keine Frage! Doch für diejenigen, die sagen, ohne den Nahostkonflikt wäre die Welt friedlicher und Israel sei das Böse auf Erden, ist die Einordnung dieser Zahl wichtig.

»Und woran erinnert euch die Zahl sechs Millionen?«, fragte ich noch. Mein Eindruck war, dass einige vor Scham nicht mehr aufblicken konnten.

Vielleicht ist vor allem die vermessene Erwartungshaltung an die Übermoralität von Juden und des Staates Israel eine Hauptursache für die aktuelle Antihaltung vieler Menschen gegenüber Israel und jüdischen Menschen, die sie pauschal und fälschlicherweise mit Israel gleichsetzen.

Mein Appell: Um nicht nur das Gedenken an die Opfer des Holocaust zu pflegen, sondern auch an die jüdische Gegenwart und Zukunft zu denken, müssen wir uns der Tatsache stellen, dass die bisherigen Konzepte der Vermittlung ihre Wirkung bei vielen Menschen verfehlt haben. Es sind allenfalls Symptome behandelt worden, sozusagen fiebersenkende Mittel verabreicht worden: hier mehr Objektschutz, da die Verschärfung eines Gesetzes, ab und an mehr Geld für Respekt-Projekte. Nach dem Attentat in Halle gab es Solidaritätsbekundungen, Sonntagsreden, Kerzenlichter.

Meine Erkenntnis, und sie scheint mir essenziell, ist, dass es hier nicht um eine Solidarisierung mit der jüdischen Minderheit geht, sondern darum, die eigene moralische Fassade aufrechtzuerhalten und zu zeigen, dass man ja aus der Geschichte gelernt hat. Antisemitismus schadet nicht nur Juden, sondern der gesamten Gesellschaft. Antisemitismus ist ein Anschlag auf alle, auf die Fundamente der Demokratie. Werden Juden angegriffen, ist das ein Symptom der Gesellschaft, das tiefgreifenden Nationalismus und Radikalisierung offenlegt. Es ist das Resultat jahrzehntelang vermiedener Konsequenz im Umgang mit Antisemiten und Rassisten.

Wenn wir wirklich konsequent sein und den Kampf gegen Antisemitismus ernst nehmen wollen, brauchen wir eine zeitgemäße Vermittlung von Erinnerungskultur, die Jugendliche aller Kulturen mit einbezieht. Wir brauchen eine bessere Erforschung des Phänomens und eine härtere Bestrafung von Vergehen. Die historische Verantwortung Deutschlands wird so erst richtig zu vermitteln sein – auch in Bezug auf das Existenzrecht Israels.

Khaled und Alex

Ich lernte Khaled und Alex bei einem Workshop im Gefängnis kennen, den ich wie immer mit drei Kollegen durchführte und bei dem es, wie so oft, um Demokratieförderung und Extremismusbekämpfung ging.

Insgesamt hatten sich zwölf junge Männer angemeldet, die wegen sehr unterschiedlicher Delikte im Gefängnis waren.

Vor jedem Workshop führen wir ein Vorgespräch mit den Sozialarbeitern, in dem wir den geplanten Ablauf durchgehen und kurz über jeden Teilnehmer sprechen, damit wir uns besser abstimmen und vorbereiten können. In diesem Gespräch hatte uns der Sozialarbeiter gewarnt, wir müssten zwei von ihnen gut beobachten, denn er wisse nicht, wie sich die Situation entwickeln würde. Er meinte Khaled und Alex.

Khaled, der 2016 aus Syrien nach Deutschland gekommen war, saß wegen Mitgliedschaft in einer terroristischen Vereinigung, dem IS, im Gefängnis. Kurz nach seiner Ankunft in Deutschland hatten sich mehrere Zimmernachbarn aus seinem Asylheim beim Leiter gemeldet und gesagt, Khaled sei Anhänger des IS. Sie zeigten ihm Bilder, die sie von ihm auf Facebook gefunden hatten, die das belegen sollten. Kurze Zeit später wurde Khaled verhaftet.

Alex saß, weil er einen Brandanschlag auf ein Flüchtlingswohnheim verübt hatte. Er war zunächst sehr kritisch gewesen, als der Sozialarbeiter ihn gefragt hatte, ob er bei dem Workshop mitmachen wolle: »Was soll ich bei den Kanaken? Ich bin doch kein Salafist.«

»Es geht nicht um Salafismus. Es geht um Alltagsthemen und Diskussionen«, hatte der Sozialarbeiter geantwortet. Da die beiden einen guten Draht zueinander hatten und Alex sich sowieso langweilte, entschied er sich, es zumindest zu versuchen – außerdem hatte er von anderen Insassen gehört, dass der Workshop interessant sei und die Leiter »sehr korrekt« seien.

Der Workshop ging früh am Morgen los. Ich beobachtete die beiden genau. Man sah ihre Skepsis. Alex war genervt davon, in einem Workshop zu sitzen, der von Ausländern geleitet wurde, Khaled war genervt davon, sich mit uns auseinandersetzen zu müssen, denn in seinen Augen waren wir Muslime, die ihre Religion nicht ernst nahmen. Er war klein, fast schmächtig, dennoch selbstbewusst und gleichzeitig sehr manipulativ. Man wollte ihm sofort glauben, wenn man ihm zuhörte: Er sei Opfer eines großen Missverständnisses, er sei nicht radikal und habe mit dem IS nichts zu tun. Die Fotos mit den Waffen und den Symbolen des IS, die von ihm im Internet zu sehen seien, habe er nur gemacht, um die Ausreise Richtung Türkei möglich zu machen.

Alex war groß, hatte breite Schultern, war sportlich, muskulös, aber sehr zurückhaltend. Er hatte Schwierigkeiten im Gefängnis, weil dort alle wussten, was er getan hatte. Das kam bei den Mitinsassen nicht gut an.

Seine Jugend – das wussten wir teilweise von dem Sozialarbeiter, teilweise erfuhren wir es im Workshop oder in späteren Gesprächen mit ihm – war geprägt vom Alkoholismus und der Gewalt seines Vaters. Seine Mutter war meistens bei der Arbeit, und wenn sie zu Hause war, dann beschäftigte sie sich lieber mit ihrem Handy als mit ihm. Als Teenager verbrachte Alex die meiste Zeit in einem Jugendclub, in dem Neonazis das Sagen hatten. Sie waren ein Ersatz für das, was er zu Hause vergeblich suchte: das Gefühl der Zugehörigkeit und so angenommen zu werden, wie er war. Je mehr er die Sprache seiner Freunde übernahm, je mehr er das wiederholte, was sie sagten, desto mehr Wertschätzung brachten sie ihm entgegen. Es ging ums Männlichsein, ums Deutschsein, um Ehre, Reinheit und Stolz. Sie unterteilten die Welt in gute und schlechte Menschen, und sie, das waren die Guten. Dieses Gemeinschaftsgefühl, das Alex empfand, die vielen Abende, die sie gemeinsam verbrachten, gaben ihm ein Gefühl von Stärke. Endlich konnte er die Wut, die in ihm brodelte, rauslassen gegen fiktive Feinde, die ihr Blut verunreinigten, ihnen die Arbeitsplätze, die Frauen und das Land wegnahmen. Er fühlte sich inspiriert von den inoffiziellen Anführern des Clubs und aufgefangen von ihrer Ideologie. Es dauerte nicht lang, bis Alex davon überzeugt war, genau das Richtige zu tun, als er einen Molotowcocktail auf die Asylunterkunft schmiss.

Khaled wuchs fast ohne Vater auf. Dieser hatte die Familie verlassen, um in den Golfstaaten zu leben. Er schickte lediglich Geld nach Hause und kam nur alle zwei Jahre mal vorbei. Als Kind hatte Khaled diesen seltenen Besuchen noch entgegengefiebert, sich auf die Geschenke gefreut, die der Vater immer mitbrachte. Doch je älter er wurde, desto mehr verstand er, dass diese Besuche nichts mit Sehnsucht oder Liebe zu tun hatten, sondern eher eine Art Pflichterfüllung waren. Khaleds Mutter hatte immer wieder versucht, ihren Mann davon zu überzeugen, die Familie mit

nach Katar zu nehmen. Doch er fand immer wieder Aus-
reden, das nicht zu tun. Jahre später fand Khaleds Mutter
heraus, dass ihr Mann eine zweite Familie in Katar hatte.
Er hatte dort eine Frau geheiratet, mit der er zwei Kinder
hatte. Khaled war tief verletzt, versuchte aber, stark zu sein,
um seine depressive Mutter zu stützen. Nachts aber weinte
er sich selbst in den Schlaf. Er stellte sich vor, wie seine
zwei Halbbrüder jeden Tag die Aufmerksamkeit von ihrem
Vater bekamen, nach der er sich immer vergeblich sehnte.

Meine Kollegen und ich fingen mit dem Rollenspiel an, mit
dem wir meistens beginnen: Vater und Sohn, der Vater ist
herrisch und aggressiv, schreit den Sohn an und macht ihn
nieder. »Wie findet ihr den Vater?«, fragte ich.

»Er könnte liebevoller sein«, sagte einer.

»Der ist halt ein Ausländer«, sagte Alex, »wie soll ich
den schon finden?«

»Und wenn er Deutscher wäre?«, fragte ich.

Alex überlegte. Dann sagte er: »Eigentlich ganz charis-
matisch. Der setzt sich durch, gibt die Richtung vor, will
den Jungen auf den richtigen Weg bringen.«

Khaled meldete sich: »Glaubt ihr wirklich, der Sohn
wird irgendwas anders machen, wenn der Vater liebevoll
ist? Der Vater ist großartig. So muss ein Vater sein, wenn er
sein Kind unter Kontrolle haben möchte. Ich halte nichts
von dieser Erziehung, wo man nur redet. Man kann immer viel reden, und hinterher passiert nichts. Mit Kindern
muss man Klartext reden. Sie müssen manchmal Angst
bekommen, damit sie nichts Falsches tun. Wenn es Konsequenzen gibt, wenn ein Kind geschlagen wird, weiß es, was
der Vater eigentlich will und was es zu tun hat. Der Vater
will das Beste für seinen Sohn.«

Khaled und Alex schauten sich an. Ich hätte gerne ihre Gedanken gelesen. Waren sie erstaunt darüber, dass sie die gleiche Meinung hatten? Oder war es ihnen unangenehm? Oder beides gleichzeitig? Ich seufzte innerlich. Wie oft hatte ich eine unreflektierte Solidarität mit dem Aggressor bei jungen Männern schon erlebt.

Viele Sozialarbeiter, Psychologen, Gefängnismitarbeiter und Lehrer, mit denen ich spreche, wundern sich, warum bei einem Workshop über Radikalisierung die Figur des Vaters so eine zentrale Rolle spielt. Wer sich mit Radikalisierung beschäftigt, weiß, dass jede extremistische Ideologie das Ergebnis der Suche nach einem Ersatzvater ist. Es sind die falschen Götter, die sie suchen.

Die Gruppe fing an, leidenschaftlich über Vater und Sohn zu diskutieren. Nach ein paar Minuten bildeten sich zwei Lager: die einen, die sagten, es ginge auch anders, das sei zu aggressiv, zu wenig empathisch, zu wenig liebevoll; und die anderen, die den Vater super fanden. Khaled und Alex saßen weit weg voneinander – aber im gleichen Lager.

Der Workshop ging weiter, und je mehr wir miteinander arbeiteten, desto häufiger stellten die beiden fest, dass sie der gleichen Meinung waren. Sie dachten ähnlich über Autorität, über Respekt und darüber, wer Respekt verdient hat, über Beziehungen, über Frauenrechte, über Eifersucht. Sie waren sich einig, dass die Frau tun soll, was der Mann ihr sagt und von ihr erwartet. Und beide waren der festen Überzeugung, dass man unterschiedliche Kulturen auf keinen Fall vermischen solle. Da gebe es klare Regeln, an die man sich halten muss. Khaled sagte: »Ein Moslem und eine Christin, das geht gar nicht. Man muss aufpassen, welche Religion die Kinder haben. Eine Mutter, die unsere Religion nicht verinnerlicht hat, wird den Kindern irgendwann ganz andere Werte vermitteln. Und ich werde irgendwann vor Gott stehen und mich rechtfertigen müssen, wie ich meine Kinder erzogen habe.« Alex sagte: »Das ist Rassenschande. Eine Beziehung funktioniert nur dann gut, wenn beide den gleichen Hintergrund haben. In dem Moment, in dem die Hintergründe der Eltern in Konflikt sind, geht dieser Konflikt in das Blut der Kinder über. Dann wird ihre Identität so komplex, dass es ihnen gesundheitliche und seelische Probleme bereiten wird.«

Und dann spielten wir ein Rollenspiel zum Thema Antisemitismus.

Khaled sagte: »Ich bin ehrlich. Ich hab was gegen Juden. Ich möchte nichts mit denen zu tun haben. Wenn hier ein Jude im Raum wäre, würde ich rausgehen.« Alex nickte heftig. Auf die Frage nach dem Warum antwortete Khaled sehr ausführlich, teilweise religiös begründet. »Schaut, was sie in Palästina mit uns machen, schaut, wie viel Macht sie in Deutschland haben, wie sie Syrien vernichtet haben, weil sie sich ausbreiten wollen. Wie sie die Finanzmärkte beherrschen, wie sie Anschläge verüben, um den Islam schlechtzumachen.«

Alex sagte: »Ich bin zwar getauft, aber nicht religiös, weil ich ein Problem damit habe, dass Jesus Jude war.« Dann sprach auch er von der Finanzmacht der Juden, vom internationalen Judentum, das heimlich die Fäden der Welt zieht. Jetzt war es Khaled, der nickte.

Die gleiche Verachtung, die gleichen Narrative, die gleichen Verschwörungstheorien.

Ich fragte sie, ob sie überrascht seien. »Ja«, antworteten beide gleichzeitig. Und sprachen dann davon, dass sie aber eigentlich ganz unterschiedlich seien. Die Abgrenzung zum anderen schien ihnen sehr wichtig zu sein. Sie meinten, es sei Zufall, dass wir jetzt über Themen redeten, bei denen sie eine ähnliche Meinung hatten.

Der Workshop ging vorüber, unsere Arbeit mit den beiden nicht. Wir trafen sie noch einige Male. Doch die Gespräche mit ihnen waren nicht einfach: Beide wollten mit uns über die Regierung, die Ausländer, die Deutschen, über Israel, über Religion und Kultur sprechen und uns von ihren Einstellungen überzeugen. Sie wollten jedes Gespräch, jede Diskussion gewinnen. Wir aber wollten die Gespräche viel mehr in eine persönliche Richtung bringen und mit ihnen über ihre Familie, Erziehungsmethoden, ihre Biographien, ihre Identität und ihre Sehnsüchte sprechen. Manchmal gab es Momente, in denen sie zögerten und anfingen zu überlegen. Das machte mir Hoffnung, dass sie nicht zu sehr in ihren Ideologien gefangen waren.

Ein paar Wochen nach unserem letzten Besuch erfuhr ich von dem Sozialarbeiter, dass Khaled und Alex jetzt immer Schach miteinander spielen würden. Ich wusste nicht, ob ich das gut finden sollte oder schlecht.

Reflex oder Reflexion?
Kritik am Diskurs

Am 15. März 2019 verübte ein Mann einen Massenmord an 51 Muslimen im neuseeländischen Christchurch. Er war, wie sich später herausstellte, bekennender Rassist und Rechtsextremist, der seinen Hass gegen Muslime und Einwanderer vor seiner Tat im Internet offen kundgetan hatte.

51 Leben. Ausgelöscht. Weil er diese Menschen kategorisiert und in Schubladen gesteckt hatte, weil sie nicht in sein Weltbild gepasst hatten, weil er sie als Feinde betrachtet, sie gehasst und entmenschlicht hatte – und wenn er nicht gestoppt worden wäre, hätte er noch weitergemacht.

Ich war fassungslos.

Stunden nach dem Anschlag erreichten mich die ersten Anschuldigungen: »Solche Taten entstehen u. a. wegen Personen wie Ihnen, die Tag und Nacht gegen Minderheiten und die Muslime hetzen. Ihre heuchlerischen Worte sind ein Schlag ins Gesicht der Opfer.«

In den darauffolgenden Tagen bekam ich etliche Nachrichten und E-Mails, die ähnlich lauteten. Es sei meine Islamkritik gewesen, die dazu geführt hätte, dass Menschen ermordet worden seien. Ich hätte die Basis dazu geschaffen. Ich hätte in dem Moment, in dem ich den Islam kritisierte, den Boden für Terror bereitet. Ich würde die Rechtsradikalen und die AfD mit meinen Äußerungen bedienen.

Nach dem Attentat in Hanau im Februar 2020 passierte Ähnliches:

»Sie und die afd haben auch ihren Beitrag dazu geleistet.«

»Deine Krokodilstränen kannst du dir Sparen. Eure ›Islamexperten‹-Crew füttert die Rechten in diesem Land seit Jahren mit eurer Anti-Islam-Agenda.«

War ich dafür verantwortlich? Hatten andere meine Kritik an patriarchalischen Strukturen, dem Kopftuch, den Missständen in der Integration und an den muslimischen Verbänden und ihrem Islamverständnis, das zu Radikalisierung führt, genutzt, um menschenverachtende Ideologien zu verbreiten und Morde zu begehen? Hätte ich schweigen müssen, um sie nicht zu bedienen? Der Gedanke daran machte mir Angst. Mehr noch: Er erschütterte mich zutiefst.

Anfang September 2019 wurde der *European Islamophobia Report 2018* veröffentlicht, den die EU mit mehr als 125 000 Euro unterstützt hatte. Erklärter Inhalt: »Neben allgemeinen Ergebnissen zur Lage und Entwicklung von Islamfeindlichkeit in Europa enthält der Report auch 32 Länderberichte.«

Über mich stand darin: »Ahmad Mansour, who is also program director of the Brussels-based European Foundation for Democracy, which systematically tries to exclude (supposedly bad) Muslim voices from the public sphere.« Will heißen: Es wurde mir eine Mitverantwortung unterstellt, (vermeintlich böse) muslimische Stimmen systematisch aus der Öffentlichkeit zu verbannen.

Abgesehen davon, dass ich bei der Veröffentlichung des Reports schon mehr als ein Jahr nicht mehr mit der European Foundation for Democracy (EFD) zusammenarbeitete, hatte die Stiftung ein ganz anderes Ziel: Wir hatten versucht, muslimische Stimmen aus ganz Europa zusammenzubringen und gemeinsam daran zu arbeiten, europäischen Muslimen eine liberale Perspektive anzubieten, die nicht von Radikalismus geprägt ist.

Ich war nicht der Einzige, der, weil er sich kritisch mit dem Islam auseinandersetzt, in diesem Report auf die gleiche Stufe gestellt wurde mit Menschen, die Übergriffe auf Muslime verübt hatten. Wissenschaftler und Journalisten wie Mouhanad Khorchide, Susanne Schröter, Necla Kelek, Konstantin Schreiber und Seyran Ateş wurden ebenfalls als antimuslimisch und islamophob bezeichnet.

Nach fast jeder Kritik, die ich über Integration oder Migration äußere, werden Stimmen laut, die sagen, ich sei verantwortlich für Muslimfeindlichkeit, für Übergriffe, für das Erstarken rechter Narrative, und ich würde Flüchtlinge als homogene Gruppe schlechter Menschen sehen.

Ich habe so etwas noch nie gesagt. Ich würde so etwas auch nie sagen, weil es sich mit meiner Einstellung in keiner Weise deckt.

Ich frage mich, wie dieser falsche Eindruck entstanden ist. Ich habe so viele Preise verliehen bekommen, die Verdienste um Toleranz, Demokratie und Menschenrechte ehren. Wie kann es sein, dass meine Person bei einer Gruppe etwas Positives auslöst und bei der anderen Verachtung?

Ich bin selber Muslim, auch wenn Islamisten und Rechtsradikale gerne von mir hören wollen, dass ich dem Islam abgeschworen habe. Ich komme aus einer Familie, die sehr religiös ist. Ich habe muslimische Freunde. Ich würde nie auf die Idee kommen, Muslime oder andere

Menschen per se als schlecht oder gut zu bezeichnen. Es geht mir nicht darum, Menschen in Schubladen zu stecken oder sie aus der Gesellschaft zu verbannen. Ganz im Gegenteil. Es geht mir um ein respektvolles Zusammenleben aller. Ich möchte Menschen für die Demokratie gewinnen. Ich versuche, auf Dinge zu schauen, vor denen viele Menschen die Augen verschließen. Ich schreibe nicht nur über Flüchtlinge, ich arbeite mit ihnen. Ich gehe in Gefängnisse, in Willkommensklassen, in Schulen, in Integrationskurse, in Asylunterkünfte. Ich müsste schon blind sein, um nicht zu sehen, dass nicht alles gut ist, was dort passiert.

Es gibt Menschen, die kommen sehr offen in dieses Land und sehen es als Chance auf ein friedliches Leben. Doch es gibt auch Probleme, die immer wieder wie ein Muster auftauchen. Diesen Mustern muss man auf den Grund gehen. Und wenn man das tut, sieht man, dass sie mit der Sozialisation zu tun haben und mit Werten, Gedanken und Traditionen, die mit den Prinzipien einer demokratischen Gesellschaft nicht vereinbar sind. Ferner erschweren bestimmte religiöse Inhalte die Integration. Dies habe ich in *Generation Allah* und *Klartext zur Integration* ausführlich beschrieben.

Darüber müssen wir sprechen. Davon bin ich zutiefst überzeugt. Denn in dem Moment, in dem Debatten nicht mehr – oder nur einseitig – geführt werden und wir nicht mehr versuchen, die Ursachen für Probleme zu finden, sie zu begreifen, mit den Menschen zu arbeiten, Lösungen zu entwickeln und sie nicht einfach ihrem Schicksal zu überlassen, tabuisieren und unterdrücken wir Themen. Diese verschwinden dadurch aber nicht. Islamismus verschwindet nicht, wenn wir sagen, wir wollen über die Rolle, die Religion bei Radikalisierungen spielt, nicht reden. Ehrenmorde verschwinden nicht, wenn man sie als Familiendrama bezeichnet und die sehr spezifischen patriarchalischen Strukturen, die dahinter liegen, ignoriert. Diskurse müssen ein sachlich geführter Austausch von Argumenten sein. Das alleine bringt uns den Lösungen für ein besseres Zusammenleben näher – und ist essenziell für eine Demokratie. Deshalb lade ich auch jeden, der anderer Meinung ist als ich, dazu ein, mit mir zu diskutieren. Sachlich wohlgemerkt. Denn wenn mir jemand schreibt: »Du redest Dünnschiss, bleib sachlich«, frage ich mich, wer hier gerade unsachlich ist. In einem solchen Moment geht es nicht mehr um den Inhalt der Diskussion, sondern um meine Person und darum, mich zu beleidigen. Ich sage nicht, dass Menschen, die meine Aussagen kritisieren, schlecht sind. Ich sage auch nicht, dass das, was ich sage, ein heiliger Text ist. Ich bin nur ein Mensch mit einer Meinung. Ich bin in der Lage, zu lernen und meine eigenen Aussagen und Thesen zu hinterfragen. Manches denke ich nicht immer bis zum Ende. Wer kann das immer? Wie soll das gehen in unserer komplexen Welt?

Anschuldigungen wie die oben erwähnten gehen mir nah, machen mir im ersten Moment Angst, lassen mich in seltenen Momenten auch an meiner Arbeit zweifeln. Es hat so manchen Moment in meiner Arbeit gegeben, in dem es für mich seelisch sehr eng wurde. Etwa wenn Unterstellungen, ich sei Migrantenhasser, Flüchtlingshasser, Koranhasser oder Islamhasser, zu häufig und zu extrem wurden.

Ich bin nichts von alldem.

Es ist nicht einfach, immer wieder aufzustehen und weiterzumachen, wenn einem täglich der qualvolle Tod gewünscht wird. Ich werde bedroht, beschimpft, beleidigt.

Wer glaubt, das pralle immer an mir ab, der irrt sich. Und trotzdem: Was passiert, wenn ich meine Arbeit nicht mehr tue? Wenn auch die anderen das nicht mehr tun? Wenn wir alle Angst bekommen? Welche Gesellschaft werde ich meiner Tochter dann hinterlassen? Ich möchte ihr eine Gesellschaft hinterlassen, die demokratisch, gleichberechtigt, vielfältig, offen, aber auch kritisch gegenüber bestehenden Problemen ist.

Daher geht es mir um einen ehrlichen und offenen Diskurs. Ich möchte Dinge besser verstehen, um eine bessere Prävention entwickeln zu können. Ich kritisiere Islamismus, den politischen Islam und Strukturen, die zu Radikalisierung führen – auch im Islam. Ich rufe aber nicht zum Mord auf. Ich rufe auch nicht zur Diffamierung von Menschen auf – das tun Menschen, die mir unterstellen, ich sei Islamhasser. Ich hasse niemanden, ich verachte auch niemanden. Auch keine Frauen, die Kopftuch tragen, wie es mir häufig unterstellt wird. Ich kritisiere die Strukturen dahinter, ja, aber ich bin in der Lage, einer Frau, die Kopftuch trägt, offen und vorurteilsfrei zu begegnen.

Der von Wut und Bedrohungen geprägte Diskurs macht etwas mit Menschen. Er lässt sie mitunter verstummen – und genau das ist auch gewollt. Ich habe es erlebt, wie Menschen den Mund einfach nicht mehr aufgemacht haben, weil sie es psychisch nicht mehr ausgehalten haben oder ihnen schlicht die Kraft fehlte. Wer hat dann gewonnen? Die Demokratie? Nein. Gewinner sind die Radikalen, die sich auf die Themen stürzen, um die der Großteil der Gesellschaft einen Bogen macht. Es entsteht ein Teufelskreis, denn in dem Moment, in dem bestimmte Themen bei Radikalen gelandet sind, wird automatisch zu diesem Rand gezählt, wer sie anspricht. Beispielsweise die Abschiebung von straffälligen Flüchtlingen. Das ist kein rechtsradikaler Gedanke. Das ist zum Wohle aller, vor allem auch zum Wohle schutzbedürftiger Flüchtlinge. Ich höre dann, es sei populistisch, so etwas zu sagen, und bediene die AfD. Der Versuch, solche Themen zurück in die Mitte der Gesellschaft zu holen, ist nicht unmöglich, aber unglaublich schwer.

Ich sehe in Deutschland Prozesse, die mich an das Israel der 1990er Jahre erinnern. Ich weiß, wohin diese Prozesse führen können: zu einer sehr radikalen Polarisierung. Irgendwann wird der Drang, sich zu einer Seite zu bekennen, so groß, dass kein Diskurs mehr möglich ist – von eigener Reflexion und kritischem Denken ganz zu schweigen.

Ich möchte das nicht. Auf keinen Fall. Auch deshalb mache ich das, was ich mache. Und ich höre nicht auf, denn ich kann mir nichts Besseres vorstellen, als sinnstiftende Arbeit zu tun.

Ich komme aus der untersten Unterschicht einer Unterschichtsgesellschaft, sowohl in Bezug auf Bildung als auch in Bezug auf Geld. Bei uns ging es nicht darum, wie man lebt, es ging darum, wie man *über*lebt. Mein Vater gab mir als Kind zu verstehen, dass Arbeit eine Art von Bestrafung ist: Man geht arbeiten, um Geld zu verdienen, um seine Miete und sein Essen bezahlen zu können. Als ich ihm als Fünfzehnjähriger von meinem Wunsch erzählte, Psychologie zu studieren, lachte er mich aus: »Glaubst du wirklich, *du* kannst Psychologie studieren?« Mein Vater bewegte sich stets nur zwischen Schlafen, Essen und Arbeiten. Er war sein ganzes Leben lang depressiv – bis heute. Sollte das der Sinn des Lebens sein?

Ich werde nie vergessen, wie ich als Jugendlicher im Straßenbau arbeitete: Ich stand um 5:30 Uhr an der Baustelle, wo mein Chef schon auf mich wartete, um mich die nächsten acht Stunden anzuschreien, wie schlecht ich meine Arbeit verrichten würde. Ich wollte diese Arbeit nicht machen. Ich hätte gerne weitergeschlafen. Doch ich sah keine andere Chance. Ich musste irgendwie Geld verdienen. Irgendwann dachte ich: Ich werde wie mein Vater. Es fühlte sich schrecklich an.

Und heute? Mache ich eine Arbeit, die mich erfüllt. Ich kann die Gesellschaft mitgestalten, ich kann dafür sorgen, dass Menschen sich nicht radikalisieren und sich mit Demokratie beschäftigen, sich gegenseitig schätzen und lieben lernen. Das ist für mich der Sinn des Lebens. Das macht mich glücklich – auch wenn es unfassbar anstrengend ist.

Ich würde meine Arbeit nicht (mehr) machen, wenn ich nicht das Gefühl hätte, dass ich damit etwas bewirkte. Meine Kollegen und ich arbeiten mit vielen Jugendlichen, beispielsweise im Gefängnis. Da sitzen uns teilweise junge Menschen voller Skepsis und Ablehnung gegenüber mit einer Körperhaltung, die sagt: Was wollt ihr von mir? Diese Jugendlichen begreifen sich als Verlierer. Sie haben sich aufgegeben und schon genug Erfahrung mit dem System gemacht, in dem sie von Menschen andauernd verurteilt werden, ohne dass diese auch nur ein Wort mit ihnen gesprochen haben. Wir kennen das. Deshalb wundert es uns nicht, wenn sie uns mit Argwohn begegnen und der Unterstellung, wir seien bestimmt nur da, um sie und ihre Religion zu kritisieren.

Wir arbeiten mit diesen Jugendlichen. Wir hören ihnen zu. Und sie fangen an zu reden, vor allem, wenn sie das Gefühl haben, wahrgenommen und akzeptiert zu werden. Wenn wir ihnen zeigen, dass ihre Meinung eine Legitimation hat, auch wenn wir möglicherweise eine ganz andere vertreten. Wenn wir sie zum Nachdenken bringen. Wir wollen ihnen den Wert von Mündigkeit und die Freude an kritischem Denken vermitteln. Oft erst nach Monaten der Zusammenarbeit sehen wir, wie sie sich langsam entwickeln, wie sie Dinge – kulturelle oder religiöse Einstellungen etwa – kritisch hinterfragen. Das ist für uns ein riesiger Erfolg.

Aber es braucht Zeit. So etwas passiert nicht auf die Schnelle. Es ist utopisch zu glauben, dass alle Menschen innerhalb kürzester Zeit zu Demokraten werden. Extremismus-Prävention ist eine Generationenaufgabe, deren Erfolge vielleicht erst in 20 Jahren richtig sichtbar werden.

Wenn Probleme gar nicht angesprochen werden, dann werden sie größer und komplexer und Lösungen rücken in noch weitere Ferne. Auch deshalb frage ich mich, warum es uns als Gesellschaft so große Schwierigkeiten bereitet, über Probleme zu sprechen. Und wenn darüber gesprochen wird, dann häufig auf eindimensionale und polemische Art und Weise, die nicht nach vorne gerichtet ist, sondern sich darauf konzentriert, andere fertigzumachen, die eigene Ideologie zu bestätigen oder sie anderen überzustülpen. Es geht dann nicht darum, Gedanken oder Argumente auszutauschen. Es geht ums Gewinnen. Warum?

Die Ursachen dafür sind vielfältig und komplex, genau wie die Probleme selbst. Sie sind nicht einfach zu benennen. Doch genau das ist es, wonach sich Menschen in einer immer komplexer werdenden Welt sehnen: nach einfachen Antworten. Das birgt Gefahren. Nehmen wir Monothematik und Eindimensionalität. Über manche Themen reden wir eine Zeitlang ununterbrochen, ja fast obsessiv und vergessen alles andere, als ob es nicht existiert. Beispiel Corona: Die Herausforderungen des Klimawandels etwa hatten in keiner Weise abgenommen, als es im Frühjahr 2020 nur noch dieses eine Thema gab. Auch der brasilianische Regenwald brannte nach wie vor. Doch er hatte keinen Platz mehr in unserer Wahrnehmung. Wie schnell war Hanau vergessen, nachdem wir uns nur noch mit Toilettenpapier und Desinfektionsmitteln beschäftigten? Und was war eigentlich aus dem Krieg in Syrien geworden? Wir arbeiten Themen ab, als hätten sie einen klaren Anfang und ein klares Ende – oder eine einfache Lösung. Wenn es einen Terroranschlag von Rechtsradikalen gibt, diskutieren wir über Rechtsradikale, als ob sie die einzige Gefahr und das einzige Problem seien, mit denen wir es in unserer Gesellschaft zu tun haben. Über Islamismus und Linksextremismus wird dann nicht (mehr) gesprochen – bis die nächste Sau durchs Dorf getrieben wird.

Zudem gibt es eindimensionale Betrachtungsweisen sowohl in den sozialen Medien als auch in klassischen Medien. Überall be- oder entstehen Blasen, die nicht verlassen werden. Dabei ist es die große Aufgabe von klassischen Medien, genau das zu tun: komplex und ausgewogen zu berichten und die eigene Sichtweise zu reflektieren. Das bedeutet auch, andere Meinungen auszuhalten und Platz auf der eigenen argumentativen Linie zu lassen.

Talkshows, die maßgeblich zur Meinungsbildung beitragen, sind beispielsweise oft so konzipiert, dass man immer nur an der Oberfläche bleibt. Komplexe Gedanken werden unterbrochen – wir haben ja keine Zeit –, Ambivalenzen werden als Schwäche ausgelegt. Man braucht eine Meinung, die bitte in drei Sätzen erklärt ist und von der man nicht abweichen darf, weil man die Angriffsfläche so gering wie möglich halten muss. Es geht ja ums Gewinnen.

So wird die Sehnsucht nach Vereinfachung bedient, die letztlich niemandem dient, weil genau das zu Polarisierung führt: Wo stehst du? Auf der richtigen Seite?

Was ich in Debatten zudem häufig beobachte – und auch kritisiere –, ist ein ausgeprägter Whataboutism: Statt Probleme anzusprechen, die Ursachen zu finden und dann eine mögliche Lösung, werden sie verharmlost mit dem Hinweis, woanders gebe es ja auch Probleme. Wenn ich ein Problem anspreche, beispielsweise das Demokratieverständnis von Menschen, die in einem kleinen Dorf in Syrien sozialisiert worden sind, und sage, dass hier viel Demokratiearbeit geleistet werden muss, dann gibt es Leute, die reflexartig entgegnen, in Deutschland gebe es auch Menschen, die kein Demokratieverständnis hätten und in patriarchalischen Strukturen aufgewachsen seien. Ja, das stimmt. Das gibt es. Aber hilft mir das in dem Moment weiter, in dem ich syrische Flüchtlinge erreichen möchte? Hilft es mir, ihnen beim Ankommen in diesem Land zu helfen, wenn ich weiß, dass es woanders auch Probleme gibt?

Wenn ich über muslimischen Antisemitismus spreche, entgegnen Leute, in Deutschland gebe es auch Antisemiten. Ja, das stimmt. Aber hilft mir das in dem Moment weiter, in dem ich über muslimischen Antisemitismus spreche, der vielleicht eine andere Ausprägung hat und andere Lösungsstrategien braucht?

Wenn ich über Ehrenmorde spreche, entgegnen Leute, in Deutschland würden auch Frauen von ihren Männern getötet. Ja, das stimmt. Aber hilft mir das in dem Moment weiter, in dem ich die spezifischen Strukturen beleuchte, die häufig hinter Ehrenmorden stecken, und Lösungen für Frauen finden möchte, die Opfer werden könnten?

Das ist die Tragik unserer Zeit: Im Namen der Toleranz ist man allzu oft intolerant und versucht, das politische Spektrum so zu verengen, dass alles, was nur ansatzweise davon abweicht, mit der persönlichen moralischen Keule diskreditiert wird.

Ein Beispiel: Mir werfen Menschen immer wieder vor, mit meinen Aussagen zum Kopftuch als Symbol der Unterdrückung den rechten Rand unserer Gesellschaft zu bedienen. Doch sehen die gleichen Menschen auch, wie sehr man Islamisten in die Karten spielt, wenn man Kopftücher als Zeichen von Emanzipation und feministischer Selbstbestimmung feiert?

Haben Menschen, die solche Relativierungen aussprechen, Interesse an Lösungen? Oder ist es eher der Versuch, moralisch integer, politisch korrekt und tolerant zu wirken? Das hilft uns nicht weiter. Kein Interesse an Lösungen haben übrigens auch diejenigen, die sich obsessiv auf alle Probleme in migrantischen Familien stürzen und diese schlechtmachen. Sie tun das nicht, weil sie mit mir überlegen wollen, wie wir eine syrische Familie erreichen, für Gleichberechtigung gewinnen und vom Antisemitismus abbringen können. Sie sind glücklich mit dem Beweis, dass Migration etwas Schlechtes ist. Die anderen wiederum versuchen, Probleme zu verharmlosen, um ja nicht den Rechtsradikalen in die Hände zu spielen. Und wieder stehen die Menschen entweder auf der einen oder auf der anderen Seite. Es wird in einer Absolutheit gesprochen, die jede Komplexität eines Sachverhalts ausblendet.

Dafür scheinen viele Themen auch viel zu ideologisch und viel zu emotional aufgeladen zu sein: Extremismus, Integration, Klimawandel, Rassismus oder Migration etwa. Das sind Themen, die unsere Identität ausmachen. Wenn sie diskutiert werden, werden mit Lichtgeschwindigkeit Lager gebaut, um sofort zu wissen, wozu man gehört und – vor allem – wozu *nicht*. Um diese Identität ganz klar von den anderen, den Naiven, den Unmoralischen, abzugrenzen, wird der Diskurs immer radikaler. Es geht, wie gesagt, schon lange nicht mehr um Austausch, sondern darum, die eigene Identität durch Abgrenzung zu anderen zu definieren.

Das alles führt zur Unfähigkeit, Probleme sachlich zu benennen und Lösungen zu finden. Das führt auch zum Schweigen derjenigen, die sich nicht in Blasen bewegen und sich nicht auf die eine oder die andere Seite schlagen wollen. Denn durch das Schweigen vermeidet man, dass einem Wut und Kritik entgegenschlagen.

Ein anderer Grund für das Schweigen: Es gibt Themen, die für uns sehr unbequem sind, die zu kognitiver Dissonanz führen und die wir deshalb vermeiden wollen. Nehmen wir das Thema Rechtsradikalismus. Hier wissen alle Demokraten, wo sie stehen. Beim Thema Islam zum Beispiel sieht es anders aus. Dort fragen sich viele, ob sie fremdenfeindlich sind, wenn sie bestimmte Islamverständnisse kritisieren: Bin ich auf der Seite von Rechtsradikalen oder AfD-Anhängern, wenn ich sage, der Islam braucht eine Reform, oder bestimmte Islamverständnisse oder Elemente der Religion sind nicht mit unserer Demokratie vereinbar? Solche Fragen sind nicht einfach zu beantworten. Deshalb wird oft lieber geschwiegen.

Ich bevorzuge es zu reden – und zwar miteinander. Denn mit Schweigen kommen wir nicht weiter.

Noch schlimmer ist es aber, zum Schweigen gebracht zu werden. Beispielsweise wenn muslimische Verbände alles als rassistisch abtun, was mit einer Kritik an ihrem Religionsverständnis zu tun hat. Ich spreche Dinge an, die ich beobachte. Die Konsequenz? Mir wird Homogenisierung vorgeworfen, ich werde diffamiert, und mir wird nachgesagt, die AfD zu bedienen. Das ist kein offener Diskurs. Das ist ein Sprechverbot. Doch wer nur Rassismus gegen sich selbst sieht und nicht bereit ist, seine eigenen Diskriminierungsmuster zu hinterfragen, wird zur Problemlösung nichts beitragen. Im Gegenteil: Dadurch wird eine Diskurskultur geschaffen, die Menschen in die Radikalisierung treibt.

Ich frage mich, wie man Probleme – beispielsweise der Integration – politisch korrekt ansprechen kann. Darf man über Sozialisation, Erziehungsmethoden, den Wertekanon, mit dem Menschen groß werden, den sie für sich annehmen und in ihren Peergroups verbreiten und der möglicherweise Ursprung mancher (Straf-)taten ist, darf man über all das diskutieren, ohne als Rassist abgestempelt zu werden? Ein Rassist zu sein, wäre die Umkehr dessen, was ich erreichen möchte: ein Zusammenleben aller Menschen, in dem alle zumindest die gleichen Chancen haben, aber auch die gleichen Pflichten.

Nehmen wir die Gewaltausbrüche in Stuttgart und Frankfurt im Sommer 2020. Viele lehnten es hinterher ab, die Migrationshintergründe der Täter als Ursache zu benennen. Warum? Aus meiner Arbeit weiß ich, dass eines der großen Integrationsprobleme patriarchalische Strukturen sind. Viele Menschen, die nach Deutschland kommen, sind anders sozialisiert. Es ist herausfordernd für diese Menschen, auf eine Gesellschaft zu treffen, in der patriarchalische Strukturen nicht gern gesehen sind, in der Gleichberechtigung herrscht, in der Frauen die gleichen

Rechte wie Männer haben, in der sexuelle Selbstentfaltung zum Grundgesetz gehört. Das macht manchen Menschen Angst und führt dazu, dass in ihrer Interaktion mit der Gesellschaft Konflikte entstehen. Diese Konflikte haben wir in der Kölner Silvesternacht 2015 gesehen, wir haben sie in mehreren Fällen von Vergewaltigungen gesehen, und wir hören sie in Aussagen von manchen Jugendlichen. Häufig geht es darum, das Gefühl von Identitätsverlust zu kompensieren und ihrer Community zu zeigen: Ich lebe in Deutschland, aber ich bin immer noch Muslim, Syrer oder Afghane.

Ich selbst habe diese Prozesse durchlaufen und kann sie absolut nachempfinden.

Ein anderes Beispiel: Die brutale, enthemmte Gewalt eines amerikanischen Polizisten gegen den Schwarzen George Floyd am 25. Mai 2020, die zu dessen Tod führte, schockierte die Welt. Selbstverständlich wühlt diese Tat auf, erzeugt Wut. Zu Recht führen solche Vorfälle dazu, die eigene Haltung, die eigene Gesellschaft zu hinterfragen. Zu Recht lösen sie Debatten aus. Das ist lebensnotwendig für die Demokratie. Keinen anderen Ansatz im Kampf gegen Rassismus kann es geben als den einer breiten Diskussion über das Phänomen selbst, seine Ursachen und die Einstellungen dazu.

Doch in den Debatten zeigen sich auch Schieflagen. Teils genügen Codes, Memes, einzelne Wörter, um Ablehnung und Denkverbote zu aktivieren. In Teilen der Linken gleicht jegliche differenzierte Betrachtung der Polizei einem Verrat. Wer wie ich strukturellen Rassismus in der Polizei als nicht existent wahrnimmt und große Unterschiede in der Ausbildung der Polizei zwischen den USA und Deutschland sieht, ist für sie rechts, ein Onkel-Tom-Migrant oder ein Haussklave. Wer auf Diskriminierung von Minderheiten durch andere Minderheiten hinweist, wird abqualifiziert und diffamiert. Nach diesem Muster verlaufen Debatten über Integration, Frauenrechte im Islam und viele andere Diskussionen.

Nach dem Tod von George Floyd berichteten viele Schwarze von ihren Alltagserfahrungen. Das ist gut und richtig. Doch einige erteilten dabei nicht schwarzen Menschen Sprechverbote: Als Privilegierte könnten sie nie nachvollziehen, was es bedeutet, wegen der Hautfarbe angestarrt oder ausgegrenzt zu werden. Geht es dabei tatsächlich nur um das Bekämpfen von Rassismus? Oder eher darum, Thesen und Theorien zu untermauern und etwa den eigenen Opferstatus festzuschreiben?

Im Namen der Toleranz kann eine Menge Intoleranz entstehen – gegenüber anderen Meinungen, anderen Gruppen, selbst wenn diese vom eigenen moralischen Kompass nur wenige Millimeter abweichen oder wenn heilige Figuren der Szene kritisiert werden. Die Gefahr für den freien Diskurs besteht dann, wenn Minderheiten für sich eine Form von Artenschutz reklamieren – oder ihnen zugeschrieben wird –, der selbst wieder biologistische Züge trägt: »Weil ich schwarz bin, können Weiße mich nicht verstehen! Also haben Weiße auch nichts dazu zu sagen!« Schwarze Studierende in den USA haben in den vergangenen Jahren mitunter gefordert, dass Weiße ein Seminar oder eine Vorlesung verlassen, damit sie unter sich in einem »safe space« sein könnten. Auch schwarze Professoren wie John McWhorter von der Columbia University oder Glenn Loury von der Brown University haben solche Ansätze offen als illiberal kritisiert. McWhorter gab zu, dass ihm solche Phänomene, angefeuert durch die sozialen

Medien, Angst machten, da sie keineswegs weiße Privilegien beseitigten und mehr freien Diskurs schafften, sondern dogmatisch Sprech- und Denkverbote errichteten.

Die Ironie an alldem: Diejenigen, die diese Denkverbote erteilen, proklamieren oft, für Vielfalt, Einwanderung und Multikulturalismus zu sein. Doch in diesem Moment lehnen sie diese Symbiose vehement ab. Wie soll eine kulturell vielfältige Gesellschaft entstehen, wenn Meinungsfreiheit, kulturelle Innovation und die Erweiterung des eigenen Horizonts verboten werden?

Der schwarze Bürgerrechtler Martin Luther King hielt am 28. August 1963 vor dem Lincoln Memorial in Washington seine berühmte Rede mit dem Leitmotiv: »Ich habe einen Traum.« Ein Schlüsselaspekt darin war der Traum, dass die Kinder der früheren Sklaven und die Kinder der früheren Sklavenhalter gemeinsam am Tisch der Brüderlichkeit sitzen werden, dass nicht die Hautfarbe, sondern der Charakter eines Menschen zählt. Solche Sätze werden im heutigen Diskurs von vielen als naiv verurteilt: »Aber ich bin und bleibe doch schwarz – und Weiße sehen mich anders an!« Ja, das ist wahr, aber genau deshalb sollten Sätze wie die von Dr. King heute noch mehr Geltung bekommen. Genau darum geht es: um die Würde eines jeden Menschen, die unantastbar ist, ganz gleich, wie unterschiedlich wir sind. Es gilt das Recht durchzusetzen, das jedem Menschen zusteht, das Menschenrecht.

Wenn ich darauf beharre, dass ich als Araber anders bin, weil ich eine andere Herkunft als die der Mehrheit hier im Land habe, bekräftige ich das *Othering*, das mich zum anderen macht. Ich suche dann weniger meine Würde, mein Menschenrecht und meine Gleichberechtigung als meinen

Status als Opfer. Ich verfestige eine in Schwarz und Weiß gespaltene Welt. Darum kann es nicht gehen.

Es geht darum, jedem Rassismus entschieden mit dem Grundgesetz, mit dem Menschenrecht entgegenzutreten. Das gilt für den Rassismus der Weißen gegenüber Schwarzen, für den Rassismus der Chinesen gegenüber den Uiguren, der Türken gegenüber den Kurden – und so fort. Überall. Auf allen Kontinenten.

Es geht darum, dass Menschen verschiedener Hautfarbe oder Herkunft immer klarer, immer selbstverständlicher Teil *einer* Gesellschaft sind: an Schulen, in der Wirtschaft, in der Wissenschaft, in den Medien – in allen Bereichen der Lebens- und Arbeitswelt. Das erreiche ich nicht, wenn ich beanspruche, allein den Diskurs zu bestimmen und zu entscheiden, was legitime Meinungen sind, und außerhalb meiner Blase nur Gegner sehe. Das Ziel der Gleichberechtigung erreiche ich nicht mit Theorien, die ich meinen Dogmen anpasse. Wer zum Beispiel heute auf die gefährdete Lage von Lesben und Schwulen in muslimischen Ländern und anderen traditionellen Gesellschaften hinweist, in denen homophobe Gesetze und Sitten gelten, wird im postkolonialen Diskurs oft als Homonationalist bezeichnet. Solche Anwürfe sind grotesk. Sie verzerren die Frage, welche Probleme und Rechte auf dem Spiel stehen. Sie verstellen den Blick auf die Realität und verraten diejenigen, die in diesen Ländern um ihre Rechte kämpfen, die verfolgt und inhaftiert oder hingerichtet werden.

Vertreter der Denkrichtung des Postkolonialismus wollen Missstände, etwa im Nahen Osten oder in afrikanischen Staaten, sämtlich als Folge des Kolonialismus definieren. Den Menschenrechten erweist diese monokausale Perspektive einen Bärendienst. Es ist, als seien die Gesellschaften dort nicht erwachsen, nicht souverän und nicht zumindest mitverantwortlich für ihre Lage, auch steinreiche Ölstaaten nicht. Es ist, als könnten Araber oder Afrikaner keinerlei Kritik ertragen, als seien sie passive Wesen und Bevölkerungen, unfähig, sich aus eigener Kraft zu reformieren. Auch das ist *Othering*.

Rassismus, der von Nichtweißen ausgeht, darf in diesem Weltbild nicht vorkommen, da kann nur ein weißer alter Mann Rassist sein. Doch die Abwertung von anderen und die irreale Phantasie der homogenen Gruppe kommt rund um den Globus vor. Rassismus ist keine Einbahnstraße, die nur von Weißen in Richtung anderer Gruppen führt.

Ein Beispiel: Stefanie. Sie ist 15, hat keine Geschwister. Ich kenne sie aus einem Workshop. Ihre Eltern haben beide zwei Jobs, um über die Runden zu kommen. Aber selbst so ist das Geld immer knapp. Sie sind zerrissen zwischen ihrer Liebe zu Stefanie, dem schlechtem Gewissen, sie so oft alleine zu Hause lassen zu müssen, und den Herausforderungen des Lebens. Sie streiten viel.

Als ihre Wohnung wegen Eigenbedarfs gekündigt wird, müssen sie Charlottenburg verlassen, weil die einzige bezahlbare Wohnung, die sie finden, in Neukölln ist. Für Stefanie ist das eine Tragödie, aber sie schweigt. Ihre Eltern haben ja schon genug Probleme – und keine Zeit, sich nach dem Umzug lange Gedanken über die passende Schule für ihre Tochter zu machen, geschweige denn, sich Schulen anzuschauen. Stefanie kommt auf die nächstgelegene Schule.

In ihrer neuen Klasse ist sie die Einzige ohne Migrationsgeschichte und wird von ihren Mitschülern sehr unterschiedlich wahrgenommen: Die einen schauen sie an, als habe sie sich verlaufen, und meiden jeden Kontakt. Andere wiederum werden schnell zu Stefanies Freunden, mit denen sie über alles sprechen kann und bei denen sie ein Gefühl von Zugehörigkeit entwickelt.

Stefanies Noten könnten besser sein, aber eigentlich läuft alles gut, bis zu dem Zeitpunkt, als ein Mitschüler versucht, ihr näherzukommen. Ohne Erfolg. Stefanie gibt ihm freundlich, aber bestimmt zu verstehen, dass sie kein Interesse an ihm hat. Gekränkt erzählt der Junge überall herum, dass sie miteinander geschlafen hätten. Der Beginn aller Probleme. Von diesem Moment an kommen die Sprüche:

»Wir haben nichts anderes erwartet.«

»Ah, die deutsche Schlampe.«

Stefanie wird als »Kartoffel« beschimpft und als »Matratze«, Jungen berühren sie »aus Versehen« im Vorübergehen an intimen Stellen oder schreiben ihr Nachrichten, ob sie es nicht auf der Toilette treiben können. Ihr wird gedroht, ja ihren dreckigen Mund zu halten.

Stefanies Freundinnen versuchen, sie zu verteidigen und sie zu schützen. Aber auch bei ihnen erfährt Stefanie schmerzhaft, dass sie anders ist. Einigen wird eingeredet, sie sei kein guter Umgang, weil sie ihre Freundinnen bestimmt zu diesem sündigen Lebensstil verleite. Stefanie schwört, sie sei nicht so. Hilft nichts. Andere bekommen von den Eltern gesagt, Stefanie könne nicht zu Besuch kommen, weil sie keine anständige Kleidung trage, das sei respektlos dem Vater gegenüber.

Stefanie, die mit ihren Eltern nicht darüber spricht und dafür umso mehr leidet, weil da kein Ventil für ihren Schmerz ist, sucht nach Überlebensstrategien. Ein Schulwechsel kommt nicht in Frage. Dann müsste sie ihren Eltern ja alles erzählen.

Mit der Zeit verändert sie ihren Kleidungs- und Sprachstil, tönt ihre blonden Haare dunkelbraun, hört andere

Musik, übernimmt die Narrative ihrer Mitschüler, sagt, sie wolle sich aufsparen für den Richtigen. Trotzdem bleibt sie die Andere, die Deutsche, die Kartoffelfresserin, das Schlüsselkind, das keinen Bruder hat, der auf sie aufpasst. Diejenige, die von ihren Eltern im Stich gelassen wird, diejenige, die unsauber ist, weil sie sich nach dem Stuhlgang nicht mit Wasser wäscht.

Stefanie sieht keinen Ausweg. In ihrem Empfinden gibt es keine andere Wahl, als auf der Schule zu bleiben.

Und so hält sie alles aus – und durch.

Als sie ihren Abschluss macht, fühlt sie sich befreit, doch diese Jahre haben Spuren hinterlassen: Die Fehler an allem, was passiert ist, sucht sie nach wie vor ausschließlich bei sich selbst. Selbstwertgefühl? Hat sie nicht. Es ist ihr lange genug ausgeredet worden.

Wer glaubt, Stefanie sei ein Einzelfall oder ich übertreibe, der sollte mit Lehrerinnen und Lehrern sprechen. Es gibt Hunderte solcher Geschichten.

Natürlich darf bei der Betrachtung von Rassismus der Aspekt der Machtverhältnisse nicht ignoriert oder übersehen werden. Diese können individuell, lokal oder gesamtgesellschaftlich sein und sind in unterschiedlichen Ländern anders gewichtet. Genauso wenig darf der Aspekt ausgeklammert werden, welche konkreten Konsequenzen rassistisches Verhalten für den Einzelnen, das Individuum hat. Trotzdem ist Rassismus nur *eine* Ebene, in der Macht ausgeübt wird. In konkreten Situationen zwischenmenschlicher Begegnungen innerhalb eines Systems gibt es mehr als nur eine Machthierarchie. Diskriminierung aufgrund von Glauben, Nationalität, Hautfarbe, sexueller Orientierung, Bildung oder sozialer Schicht ist universell. Sie trifft Geflüchtete, Muslime, Schwarze, LGBTQ-Gruppen, als ungläubig Bezeichnete oder auch Hartz-IV-Empfänger. Die Liste ließe sich unendlich fortsetzen. Deshalb ist es schwierig, den Machtaspekt so verkürzt zu betrachten und damit zu viele Aspekte auszublenden, vor allem, wenn am Ende eine Viktimisierung herauskommt. Wir haben als Gesellschaft schon viel geleistet, um ein gerechteres Zusammenleben zu ermöglichen. Und natürlich ist das Ziel hier noch lange nicht erreicht. Doch die politische Korrektheit, in der es um Gerechtigkeit und Fairness und die Beendigung von Unterdrückung und Diskriminierung gehen sollte, ist in vielerlei Hinsicht zu einer ziemlich starren und ihrerseits unterdrückenden und diskriminierenden Weltanschauung geworden. Menschen werden in Kategorien eingeteilt, durch Merkmale definiert und in von Natur aus gut und von Natur aus schlecht sortiert. Als Individuen werden Menschen so nicht betrachtet.

Diesen Herausforderungen begegnen moderne, diverse Gesellschaften im Zeitalter der Globalisierung. Kein Dogma, kein Sprechverbot schafft sie aus der Welt – nur der couragierte, offene und herrschaftsfreie Diskurs. Wird er im Namen einer falschen Toleranz unterbunden, dann verliert der Begriff Toleranz seine Substanz. Und dann reiben sich die Rechtsradikalen die Hände.

Sie sind dreister geworden. Sie haben aufgehört, ihre rassistische Ideologie schön zu verpacken und als Konservatismus auszugeben. Offen propagieren sie Feindseligkeit gegen jene, die nicht bereit sind, ihre Panik vor dem Ende vermeintlicher Homogenität zu bestätigen. In ihr Feindbild gehören Ausländer, Muslime, Flüchtlinge, Linke, Grüne, Journalisten, die Kanzlerin, die Europäische Union

– im Kern: die Demokratie. Sie nutzen emotional aufgeladene Codes. Argumente und Fakten wischt sie vom Tisch der Brüderlichkeit, ob in Brasilien, den USA, den Philippinen oder in Ungarn, Frankreich, Polen – und Deutschland. Und die Verbohrtheiten der Linken machen es ihnen – leider – oft nur leichter.

Ohne rechte und linke Ränder gleichsetzen zu wollen, strukturelle Gemeinsamkeiten zwischen identitärer Bewegung und Identitätspolitik sind da: Beide Ideologien arbeiten mit Vorstellungen von homogenen Gruppen und mit Opferkonkurrenz. Beide nutzen fixierte Feindbilder und Opferrollen, beide Ideologien gehen von der Minderwertigkeit anderer aus: Die Identitären und Völkischen wollen Minderheiten ausgrenzen, die Anhänger der Identity Politics wollen Minderheiten glorifizieren. Dass Großgruppen ebenso wie Individuen stets gemischte, hybride Identitäten haben, blenden beide strategisch aus.

Gesellschaften, in denen die politischen Ränder am lautesten sind, während die Mitte schweigt, verlieren ihre demokratische Basis. Die Ränder befeuern sich gegenseitig, und die Mitte hält sich raus, sie beobachtet ein Pingpong und überlässt stellvertretend den Radikalen die Diskussion. So bleibt keine Demokratie bei sich. So ist auch kein Kampf gegen Rassismus und Diskriminierung zu gewinnen.

Wenn ich mit Martin Luther King sage: »Ich habe einen Traum«, dann träume ich von einer Gesellschaft, in der Herkunft oder Hautfarbe kein Wort zu sagen haben über gerechte Chancen, in der es keine Trennwände gibt zwischen Einheimischen und Zugewanderten, sondern zwischen Demokraten und Nichtdemokraten. Ich träume von einer Gesellschaft, in der ein Kind von Migranten Kanzlerin oder Kanzler werden kann, aufgrund von Haltung und Können, nicht trotz oder wegen eines Migrationshintergrunds. Das wäre Gerechtigkeit.

Ich träume von einer Gesellschaft, die Konflikte friedlich löst, sachlich und differenziert debattiert und die wichtigsten Themen tabufrei diskutiert, lösungsorientiert und im Geist des Grundgesetzes. Demokratie lebt nicht davon, dass die Mitte schweigt, sondern dass dort alle bereit sind zur offenen Diskussion, zur konstruktiven Streitkultur mit Argumenten und Gegenargumenten, zu gegenseitiger Anerkennung und Flexibilität im Denken.

Um das zu erreichen, brauchen wir starke und selbstbewusste Demokratiebildung in jeder Schule, einen Schwerpunkt auf Erziehung zu Diskursfähigkeit und Empathie. Dafür sind politische Vorbilder nötig, die bereit sind, auch die unbequemeren Themen zu behandeln. Mit Sonntagsreden und Mahnwachen wird der Kampf für Gleichberechtigung und Demokratie nicht gewonnen.

Was es heißt, solidarisch zu sein

Im März 2020 stand das öffentliche Leben in Deutschland still. Bund und Länder hatten sich auf ein einheitliches Vorgehen »zur weiteren Beschränkung von sozialen Kontakten im öffentlichen Bereich angesichts der Corona-Epidemie in Deutschland« geeinigt. Kurz gesagt: Die meisten Menschen mussten von zu Hause aus arbeiten, es gab Kontaktbeschränkungen und -verbote, Schulen und Kindergärten wurden geschlossen, ebenso Restaurants, Spielplätze, Museen, Konzerthallen. Eigentlich war nichts mehr geöffnet, was nicht der Grundversorgung diente. Und die Menschen? Machten mit und hielten sich an die Vorschriften – zumindest der überwiegende Teil. In diesem Moment gab es etwas, das es zu bezwingen galt: Corona. Denn das Virus stellte eine Bedrohung für uns alle dar. Es machte keinen Unterschied, ob jemand arm oder reich war, Christ, Moslem, Jude oder Buddhist. Das Virus unterschied nicht zwischen Nationalität, Männern oder Frauen, blonden oder braunen Haaren, blauen oder braunen Augen.

Der Zusammenhalt, die Solidarität, die Empathie waren groß, auch und vor allem, weil es jeden hätte erwischen können.

Anderes Beispiel: Deutschland und Frankreich. Die beiden Nachbarländer, die viele Jahrhunderte verfeindet waren, gelten heute als die wichtigsten Partner in Europa. Wie konnte es dazu kommen? Es war die Erkenntnis nach dem Zweiten Weltkrieg, dass Aussöhnung, Partnerschaft und Zusammenarbeit für einen dauerhaften Frieden in Europa unumgänglich waren. Der Élysée-Vertrag, in dem vor allem Abstimmungen in der Außen- und Verteidigungspolitik, Bildungsförderungen und Jugendaustausch beschlossen wurden, legte 1963 den Grundstein dafür. Die beiden Länder setzten also auf Begegnung und wirtschaftliche und politische Kooperation. Und: Sie hatten im Kalten Krieg einen gemeinsamen Feind, den Kommunismus.

Fühlen wir uns erst als Gemeinschaft, wenn wir gemeinsam *gegen* etwas kämpfen müssen? Brauchen wir ein gemeinsames Feindbild, um solidarisch zu sein? Müssen wir Angst vor etwas haben? Ist das der einzige Weg, um Gemeinsamkeit zu schaffen? Ich meine: nein. Einen Feind haben wir schon. Es sind die Extremisten, die Feinde der Demokratie. Doch wir sind weder in der Lage, sie sichtbar zu machen, noch uns darauf zu einigen, wen wir damit meinen.

Nehmen wir die Anschläge von Halle und Hanau: Hier war die Mehrheitsgesellschaft nicht betroffen und somit kam auch keine echte Solidarität auf. In dem einen Fall waren die Betroffenen Juden, in dem anderen Fall Menschen mit Migrationsgeschichte. Es waren *die anderen*.

Gewiss, nach den Anschlägen gab es Kundgebungen und Reden, in denen es hieß, das seien Anschläge auf unsere gesamte Gesellschaft gewesen. Es wurde beteuert, wie betroffen man sei. Und es gab Blumen. Doch ich will keine Blumen mehr. Und ich will auch keine Pflichtveranstaltungen mehr, in denen alle von Solidarität sprechen, weil ihr Sicherheitsgefühl kurzfristig gestört ist. Denn was passiert danach? Was ist die Konsequenz? Nicht viel. Hier und da werden zwar ein paar Initiativen gegen Rassismus und Antisemitismus gefördert, doch das passiert eher aus einem Affekt heraus und nicht aus klugen, grundlegenden und auf Langfristigkeit angelegten Überlegungen.

Was können wir tun? Wie können wir das, was wir beispielsweise mit Frankreich gemacht haben oder während der Corona-Pandemie auf unsere Gesellschaft übertragen? Wie können wir Inklusion betreiben? Begegnungen schaffen? Gemeinsame Ziele? Wie vermitteln wir den Leuten, dass wir alle aufeinander angewiesen sind? Wie sprechen wir Probleme an, wie lösen wir Probleme? Wie begreifen wir, dass ein Wir-Gefühl in einer vielfältigen Gesellschaft nur möglich ist, wenn wir nicht mehr anhand von Religion oder Migrationsgeschichte unterscheiden, sondern anhand von Demokraten und Nichtdemokraten?

Das Wichtigste ist, sich auf Gemeinsamkeiten zu konzentrieren und nicht auf Unterschiede.

Meine sieben Vorschläge, wie wir es schaffen, solidarisch zu sein:

Gedenktag für die Opfer von Terrorismus

In Deutschland findet jedes Jahr am 27. Januar der Tag des Gedenkens an die Opfer des Nationalsozialismus statt. Es ist gut und richtig, dass es diesen Tag gibt. Doch die Menschen, derer wir an diesem Tag gedenken, waren Opfer eines Systems, das nicht mehr existiert und das wir heute ablehnen. Es ist einfach, an einem Tag wie diesem Solidarität zu zeigen, weil sich viele entweder nicht verantwortlich fühlen für diese dunkle Zeit oder sie gar nicht erlebt haben.

Ich möchte die Singularität des Holocaust keineswegs relativieren. Ich möchte vielmehr deutlich machen, dass wir nicht nur für die Vergangenheit sondern auch für die Gegenwart und die Zukunft Verantwortung übernehmen müssen. Deshalb schlage ich einen Gedenktag vor, an dem es um diejenigen geht, die in unserer Demokratie Opfer geworden sind. Um diejenigen also, die im demokratischen Deutschland nach 1945 im Namen von Ideologien – seien es rechtsradikale, linksradikale oder religiöse – gestorben sind. Die Opfer des NSU gehören genauso dazu wie die Opfer der RAF oder des IS. Der Opfer von Halle soll an diesem Tag genauso gedacht werden wie der Opfer von Hanau, vom Münchner Olympia-Attentat 1972 oder vom Berliner Weihnachtsmarkt 2016.

Sie alle sollten durch eine intensive Beschäftigung in den Medien, in den Schulen und in der Gesellschaft insgesamt ein Gesicht bekommen. Sie dürfen nicht nur eine Zahl bleiben. Vorträge wären denkbar, genauso wie Diskussionen, Ausstellungen, Theaterstücke, Zeitungsberichte, Fernsehsendungen, Gedenkfeiern und natürlich auch eine Schweigeminute.

Ich möchte an diesem Tag die Namen der Opfer lesen und ihre Gesichter sehen – wenn es die Angehörigen wünschen. Ich will auch den Familien der Opfer eine Stimme geben, bei ihnen sein, mit ihnen trauern. Ich will zeigen, dass wir sie alle nicht vergessen haben. Sie brauchen unsere Solidarität im Alltag, da ihr Leben zerstört wurde und sie nie wieder so leben können wie vor der Tat. Sie werden staatlicherseits oft stiefmütterlich behandelt, bürokratische Hürden werden ihnen in den Weg gestellt, wenn sie Hilfe und Unterstützung beantragen. Das muss geändert werden.

Ich denke bei alldem auch an die Überlebenden und diejenigen, die indirekt von Anschlägen und Terror betroffen sind oder eine subjektive Nähe empfinden: Vielleicht waren sie wenige Stunden vorher in der Nähe oder kennen die Shishabars, Dönerläden, Weihnachtsmärkte von früheren Besuchen. Oder sie kennen gar eines der Opfer persönlich. Ich denke auch an die vielen Menschen, die sich aufgrund ihrer Herkunft, Religion, Hautfarbe als potenzielle Ziele verstehen und sich deshalb in Deutschland unsicher fühlen. Da hilft es wenig, darauf hinzuweisen, dass Deutschland immer noch eines der sichersten Länder der Welt ist. Gegen ein subjektives Gefühl der Verunsicherung kann man mit Zahlen nicht argumentieren, sondern nur durch Dialoge und Gespräche Hilfe anbieten.

Ich will, dass wir – nicht nur an diesem einen Gedenktag – gemeinsam überlegen, wie eine Zukunft aussehen kann, in der wir friedlich und solidarisch miteinander leben. Und ich will, dass sich die Menschen mehr mit den Opfern als mit den Tätern beschäftigen. Wer kennt einen Namen der Opfer vom Anschlag auf den Weihnachtsmarkt in Berlin? Wir wissen kaum etwas über die Opfer. Der Name des Täters hingegen ist weitläufig bekannt.

Ein Gedenktag löst nicht alle Probleme, die wir haben, aber er ist ein Signal, dass es nicht immer nur »die anderen« sind, die von Terror betroffen sein könnten. Es sind wir alle.

Empathie

Als ich 15 Jahre alt war, flog ich einmal fast von der Schule, dabei hatte ich nichts anderes getan, als mit meinem Klassenkameraden zu sprechen. Doch als mein Lehrer das mitbekam, wurde er wütend, packte mich am Arm, zog mich aus dem Klassenzimmer, schlug mich und brachte mich zum Schulleiter mit der Aufforderung, mich zu suspendieren. Auf dem Weg zum Rektorat liefen uns andere

Lehrer entgegen, die seine Wut und meine Angst sahen, doch keiner sagte etwas – bis auf einer. Als ich vor dem Zimmer des Direktors wartete, um hereingelassen zu werden, sprach er mich an und gab mir als Einziger das Gefühl, meine Not zu verstehen. Er versuchte, weder meinen Lehrer zu kritisieren noch ihn von seinem Vorhaben abzubringen. Er war einfach nur da, hörte mir zu und zeigte mir damit, dass ich nicht allein war. In dem Moment der Hilflosigkeit war da ein Mensch, der verstand, wie ich mich fühlte. Dieser Lehrer gab mir durch seine Empathie so viel Stärke, dass ich alles, was danach kam – die ganze Wut des Lehrers, des Direktors und schließlich auch meines Vaters – durchstand. Weil ich wusste, dass da jemand war, der mich verstand.

Diese Geschichte steht für mich bis heute als Sinnbild von Empathie, obwohl ich damals keine Ahnung hatte, was dieser Lehrer genau getan, noch dass sein Verhalten einen Namen hatte.

Das Thema Empathie ist so vielschichtig und umfangreich, dass ich es hier nur anschneiden kann. Es ist deshalb aber nicht minder wichtig. Ganz im Gegenteil. Empathie ist der Grundstein einer gesunden Gesellschaft, eines guten Umgangs miteinander und das beste, wenn nicht das einzige Mittel gegen Hass. Denn sie macht Menschen stärker, psychisch stabiler, sozialfähiger, glücklicher, erfolgreicher und gesünder. Empathie vermindert nicht nur allgemeine Entwicklungsstörungen bei Kindern, sondern führt auch zu weniger Hass, weniger Rassismus und weniger Mobbing.

Empathie, wie ich sie hier sehr allgemein definiere, ist einerseits die Fähigkeit, das Denken und Fühlen eines anderen wahrzunehmen und zu verstehen (kognitive Empathie), und andererseits die Fähigkeit, dieses Denken und Fühlen des anderen emotional mitzuempfinden (emotionale Empathie).

Es gilt: Je besser der Zugang zu den eigenen Emotionen ist, desto besser kann man die anderer deuten, verstehen und emotional nachempfinden.

Dieser Zugang wird vor allem im Kindesalter entwickelt, wenn sich Kinder ihrer selbst bewusst werden. Leider wird dieses Selbstbewusstsein viel zu häufig unterdrückt, teils aus Unwissenheit der Eltern, wie wichtig diese Entwicklung für die seelische Gesundheit ihres Kindes ist, teils aus Angst vor Kontrollverlust oder vor zu viel Selbstständigkeit des Kindes.

Das ist fatal für das soziale Miteinander.

Natürlich ist es schwierig, seinen Kindern Empathie beizubringen, wenn man sie als Kind selbst nicht gelernt hat. Doch die Entwicklung von Empathie ist eine Fähigkeit, die man lernen kann, genau wie sprechen oder laufen. Deshalb sollte sie Teil einer Norm sein, die die gesunde Entwicklung eines Kindes bemisst. Ein Wert also, der nicht nur im Elternhaus vermittelt werden sollte, sondern auch in allen Kindergärten und Schulen – und an dem unbedingt gearbeitet werden muss, sollte ein Kind Defizite aufzeigen. Insofern müssen wir in der Empathieentwicklung auch Erzieher, Lehrer, Sozialarbeiter und Kinderärzte mit im Boot haben, die gemeinsam ein Auge auf die Entwicklung eines Kindes haben und gegebenenfalls den Eltern Hilfestellungen und Techniken mit an die Hand geben, wie sie die Empathiefähigkeit ihrer Kinder trainieren oder verbessern können. Zudem sollte in jedem Projekt, das sich mit Rassismus oder Mobbing beschäftigt, Empathieentwicklung berücksichtigt werden.

Wenn wir den Fokus darauf legen, unsere Kinder zu guten Menschen zu erziehen; wenn wir Wert darauf legen, dass es im Kindergarten und in der Schule nicht nur um Leistung gehen soll; wenn wir einsehen, dass es nicht nur darum geht, schnell laufen, sprechen und lesen zu lernen, sportlich zu sein und mathematische Gleichungen lösen zu können; wenn wir erkennen, dass es auch und vor allem um Empathiefähigkeit geht – dann verringert sich die Gefahr, anderen Menschen rassistisch zu begegnen, auf der kognitiven wie auf der emotionalen Ebene.

Wir werden es nicht verhindern, dass unsere Kinder in Kategorien denken und Vorurteile haben. Aber, und das ist entscheidend: Wenn sie empathisch sind, dann wird daraus keine ablehnende Haltung. Wenn Empathie ein Bildungsziel unserer Gesellschaft ist, können wir extrem viel erreichen.

Sechs praktische Ansätze für mehr Empathie:

1. Urvertrauen aufbauen: Kind und Eltern haben eine gesunde und liebevolle Beziehung. Nur wenn das Kind eine stabile Beziehung zu sich selbst hat – ein Selbstbewusstsein – kann es Mitgefühl und Empathie entwickeln.
2. Die empathische Beziehung zum Kind konsequent pflegen: Eltern reden mit den Kindern über ihre eigenen Gefühle und die des Kindes. Hierbei kann ein Spiel als Gute-Nacht-Ritual helfen: Alle erzählen, was das Schönste und was das Blödeste heute war. Außerdem: Was hat dich glücklich gemacht? Was hat dich traurig gemacht? Wofür bist du dankbar? Hast du heute jemandem geholfen? Hat dir heute jemand geholfen? Hierbei ist es wichtig, Gefühle zu erkennen, sie zu benennen,

sie nicht zu tabuisieren und eine Selbstkontrolle zu entwickeln, mit Wut und Enttäuschung umzugehen – aber
eben auch darüber reden zu können.

3. Modelllernen: Kinder lernen Empathie, wenn sie Empathie sehen und erleben, sprich, wenn sie vor allem
ihre Eltern beim Umgang miteinander, mit der Umwelt
und mit Freunden beobachten. Kinder sollten sehen,
dass ihre Eltern bei alltäglichen Entscheidungen nicht
nur das berücksichtigen, was *ihnen* wichtig ist, sondern
auch das, was anderen wichtig ist. Man kann zum Beispiel empathisch Auto fahren, empathisch Geld verdienen, empathisch einkaufen. Was beim Modelllernen
auch hilft, ist, wenn Eltern nicht nur über ihre eigenen
Gefühle sprechen, was natürlich gut und wichtig ist,
sondern auch über die Gefühle von anderen Menschen.

4. Kompromisse lernen und üben.

5. Morgenkreis im Kindergarten: Kinder erzählen von
ihrem Tag und von ihren Emotionen.

6. Bei Konflikten mit Gleichaltrigen sollte nicht nur die
Sachebene berücksichtigt werden, sondern auch die
Emotionen. Zwei einfache Fragen hierfür wären: Wie
fühlst du dich? Wie fühlt sich dein Gegenüber?

Inklusion durch Begegnung

Begegnungen zu schaffen bedeutet, Räume zu haben, die
permanent und nachhaltig Menschen unterschiedlicher
Herkunft, Religion, Hautfarbe und unterschiedlicher so-
zioökonomischer Hintergründe zusammenbringen. Und
zwar dauerhaft und überall: bei der Arbeit, im Supermarkt,
im Museum, in der Schule, auf dem Spielplatz, in jedem
Stadtviertel und in jedem Haus.

Begegnungen zu schaffen bedeutet, Gettos zu zerstören.

Das Getto von Zehlendorf genauso wie das Getto von Neu-kölln.

Begegnungen zu schaffen bedeutet, Fremde zu Menschen zu machen.

Begegnungen sind die effektivste Maßnahme zur Bekämpfung von Rassismus und Diskriminierung.

Was wir dafür brauchen? Auf der individuellen Ebene brauchen wir die Bereitschaft und den Mut der Menschen, ihren Horizont zu erweitern, sich aus ihren Blasen herauszutrauen, um sich mit anderen Menschen zu treffen, sich mit ihnen auszutauschen und sie mit aller Offenheit kennenzulernen.

Auf der staatlichen Ebene müssen Veränderungen in Wohn- und Schulpolitik sowie in der Flüchtlingsarbeit stattfinden. In all diesen Bereichen *muss* der Fokus auf Begegnungen liegen.

Beispiel Wohnpolitik: Warum ist die Fremdenfeindlichkeit dort am größten, wo die Zusammensetzung der Bevölkerung am homogensten ist? Weil keine Begegnungen stattfinden. Weil Fremde dort Fremde bleiben.

Wo keine Begegnungen stattfinden, wird es auch keine Schnittstellen geben. Wo es keine Schnittstellen gibt, wird kein Gefühl von Gemeinschaft entstehen.

Doch für Menschen beispielsweise, die neu in eine Gesellschaft kommen, die auf der Suche nach dem Gefühl von Gemeinschaft sind, muss es möglich sein, diese Gesellschaft kennenzulernen. Umgekehrt muss es für diese Gesellschaft möglich sein, die Neuen kennenzulernen – und zwar nicht nur am Bahnhof, wo sie klatschen und »willkommen« rufen und denken, sie hätten ihre moralische Pflicht jetzt erfüllt. Wir brauchen Begegnungen im Alltag, dort, wo wir leben.

Wie oft habe ich Leute erlebt, die mit Transparenten herumliefen, auf denen Stand: »Flüchtlinge willkommen«, es aber ablehnten, selber Menschen bei sich aufzunehmen: »Die Gegend hier ist so teuer, das können die sich gar nicht leisten. Wir haben hier auch keinen Lidl.«

Und wie oft habe ich mit Flüchtlingen gesprochen, die mich verzweifelt fragten, wo sie mit Deutschen in Kontakt kommen könnten, um das Leben in diesem Land besser kennenzulernen und die Sprache, die sie immer nur im Deutschkurs benutzten, auch wirklich mal anzuwenden. Wie soll das gehen ohne Schnittstellen?

Ich weiß, dass das alles nicht einfach zu realisieren ist, aber man kann die Augen nicht ständig davor verschließen und versuchen, das Thema zu umgehen. Wenn sich Politikerinnen und Politiker immer nur mit Projekten und hübschen Bildern mit Menschen aus unterschiedlichen Kulturen schmücken, um ihre Toleranz zu demonstrieren, nach dem Fototermin aber schnell wieder zurück in ihre Parallelgesellschaft huschen, ist niemandem geholfen. Im Gegenteil: Langfristig zerstört es die Gesellschaft.

Ich erinnere mich an einen Workshop, in dem wir mit Jugendlichen diskutierten, die antisemitische Einstellungen hatten. Wir überlegten, was wir tun konnten, und luden für das nächste Treffen einen Juden ein. Es wurde eines der besten Treffen, das ich je hatte. Drei Stunden lang diskutierten und reflektierten die Jugendlichen. Sie stellten unfassbar viele Fragen. Davor hatte es kein einziges Treffen gegeben, in dem sie nicht mindestens alle vierzig Minuten eine Zigarettenpause brauchten. Und jetzt? Gingen sie in dem Austausch mit dem bislang Unbekannten auf: Der Fremde wurde ein Mensch. In anderen Workshops, in denen wir homophobe Einstellungen bei Jugendlichen feststellten, luden wir homosexuelle Menschen ein. Wie oft hatten die Jugendlichen davor schon mit Homosexuellen gesprochen? Kein einziges Mal. Wie viele Vorurteile hatten sie? Hunderte.

Begegnung schafft Gemeinschaft. Das stelle ich immer wieder fest.

Beispiel Schulpolitik: In der Zeit des Lockdowns während der Coronakrise, als meine Gedanken gefühlt das Einzige waren, was frei war, hatte ich eine Phantasie: Ich malte mir ein Bild von der Schule der Zukunft aus, in der die Digitalisierung so weit vorangeschritten war, dass ein Unterricht unabhängig von der Schule als Ort stattfinden konnte. Die Kinder konnten ihre Fächer und Kurse digital belegen und kamen so mit Schülern aus ganz unterschiedlichen Stadtvierteln in Kontakt. Sie wurden aufgrund ihrer Fähigkeiten und Bedürfnisse passenden Lehrern zugeteilt, regelmäßige Treffen der Schüler aus den einzelnen Kursen waren Pflichtprogramm, genauso wie Treffen mit anderen Kursgruppen.

Warum ich das erzähle? Weil die Digitalisierung die Chance bieten könnte, (unsichtbare) Grenzen zu überwinden und Begegnungen zu schaffen. Begegnungen, die im Moment viel zu wenig stattfinden. Online-Begegnungen könnten zu Offline-Begegnungen führen. Das ist meine Hoffnung, denn die Schule ist mindestens genauso wichtig wie die Wohnungspolitik: Die Schule ist der Schlüssel, um gesellschaftliche Veränderungen hervorzurufen, und zwar nicht, indem wir Lehrern noch mehr Aufgaben aufhalsen. Nein. Wir müssen begreifen, was wir als Gesellschaft eigentlich erreicht haben wollen, wenn Kinder ihren Schulabschluss machen. Wir wollen, dass sie rechtschreiben können. Wir wollen, dass sie rechnen können. Wir wollen, dass sie Englisch können. Genauso wichtig ist es aber, dass sie soziale Kompetenzen gelernt haben und ein demokratisches Mitglied dieser Gesellschaft sind.

Ich sage das immer wieder: Die Probleme, mit denen ich täglich zu tun habe – Radikalisierung, Integration und Rassismus –, und viele andere Herausforderungen der jetzigen Gesellschaft werden nicht ohne eine grundlegende Schulreform in den Griff zu kriegen sein. In den Schulen müssen Biographiearbeit, Extremismusbekämpfung und Demokratieerziehung stattfinden. Lehrer müssen endlich bewusst und gezielt das Kennenlernen unter den Schülern fördern, denn Schüler brauchen Begegnungen, um voneinander zu lernen. Die Schule ist der einzige Ort, an dem Begegnungen mit anderen Menschen für *alle* obligatorisch sein könnten. Hier können die Wurzeln für eine offene Gesellschaft entstehen, in der es ganz selbstverständlich ist, mit anderen Menschen im Austausch zu sein.

Kurzfristig könnte so etwas fächerübergreifend stattfinden, beispielsweise indem man zweimal im Monat einen Tag der Begegnung hat, bei dem man sich mit einer Klasse aus einem anderen Stadtteil trifft und über Politik spricht oder gemeinsamen Englisch- oder Matheunterricht hat. So wäre kein Lehrplan gefährdet und trotzdem ein Austausch möglich.

Langfristig aber darf es keine Klasse mehr geben, in der mehr als vierzig Prozent der Schüler Migrationserfahrung haben. Das kann beispielsweise durch eine bessere Wohnungspolitik und die Stärkung von Problemschulen durch mehr Geld, Angebote und Lehrkräfte geschehen. Wenn Eltern merken, dass ihre Kinder an diesen Schulen gut aufgehoben sind, werden sie sie auch dorthin schicken.

Langfristig muss es außerdem Programme geben, in denen sich auch Schüler mit unterschiedlichen Bildungshintergründen kennenlernen. Wir brauchen eine grundlegende Reform des gesamten Schulsystems, dessen Entwicklung irgendwo zwischen 1970 und 1980 stehengeblieben ist.

Beispiel Flüchtlingsarbeit: Ich erlebe in vielen Schulen, dass es zwar Willkommensklassssen gibt, diese aber komplett vom Rest der Schule isoliert sind. Das ist sicherlich keine bewusste Entscheidung der Schule. Doch wenn man Begegnungen nicht aktiv fördert und fordert, passiert nichts. Wenn wir begreifen, dass Integration vor allem bedeutet, emotional anzukommen, dann brauchen wir beide Seiten, um diese emotionalen Zugänge zu ermöglichen. Ehrenämter und Willkommensinitiativen sind gut und wichtig, doch um wirklich anzukommen, brauchen Menschen keine konstruierten, sondern alltägliche Begegnungen auf Augenhöhe. Ein Beispiel hier sind gut gemeinte Flüchtlingsmannschaften in Fußballvereinen. Warum muss hier separiert werden? Warum das *Othering*? Warum nutzt man die Vereinsstrukturen nicht, um Menschen zusammenzubringen, statt sie schon wieder voneinander zu trennen? Das wäre ein echter Gewinn für die Mannschaft.

Biographiearbeit

In unseren Lebensgeschichten liegen die Wurzeln unserer Identität. Sie miteinander zu teilen hilft, die Stärken, Schwächen und Verhaltensweisen eines anderen zu verstehen. Deshalb ist Biographiearbeit nicht nur in der Schule, sondern auch innerhalb von Familien sinnvoll und lohnend.

Wenn wir Kindern vermitteln können, dass keine Herkunft eine negative Herkunft ist, dass ihre Geschichte wichtig ist und keine Last, dass sie darüber sprechen dürfen, ja sogar sollen, dass da jemand ist, der sich wahrhaftig dafür interessiert, dann wird ein Gemeinschaftsgefühl entstehen. Dann werden sowohl Schüler als auch Lehrer merken, dass es keine homogenen Gruppen gibt, sondern viele verschiedene Individuen, die trotz etwaiger Unterschiede respektvoll miteinander umgehen und leben können.

Biografiearbeit bedeutet dabei keinesfalls nur das Zelebrieren von Unterschieden. Darum geht es nicht. Wenn wir uns als Individuen begegnen, können wir auch respektvoll und auf Augenhöhe über Unterschiede sprechen. Alles schön zu finden – oder alles doof – zeugt von keinem echten Interesse. Wenn wir aber nachfragen, uns gedanklich mit der Geschichte eines Menschen beschäftigen und auch kritisch nachfragen, dann ist das absolut in Ordnung. Wenn ein Mädchen beispielsweise erzählt, dass ihre Mutter als Dreizehnjährige verheiratet wurde, dann wäre es gut und sensibel, im Gespräch von der persönlichen Ebene auf die allgemeine Ebene über Verheiratung von Minderjährigen zu gehen. Genauso, wenn beispielsweise ein Schüler ohne Migrationsgeschichte davon erzählt, wie seine Oma enterbt wurde, weil sie einen Katholiken geheiratet hatte und ihre evangelischen Eltern dagegen waren.

Auch in Familien ist Biographiearbeit wichtig. Eltern können hier mit ihren Kindern – auch spielerisch – darüber sprechen, woher sie kommen und welche Geschichte sie haben. Die Kinder begreifen, dass auch ihre Eltern einen unterschiedlichen Hintergrund haben, und verstehen ihre Ängste, Sorgen und Verhaltensweisen so vielleicht besser. So können Kinder viel selbstbewusster nach innen und nach außen mit sich, ihrer Familie und ihrer eigenen Geschichte umgehen.

Man sollte Kinder nicht unterschätzen. Sie merken, wenn Eltern mit etwas hadern. Meine kleine Tochter zum Beispiel sieht genau, dass ich anders bin, wenn ich in Israel bin: angespannt und unruhig. Ich esse anders, ich spreche anders, ich bewege mich anders. Ich fühle mich verantwortlich für meine Familie, die die Sprache nicht beherrscht. Das begreift das Kind natürlich auch. Jetzt kann ich entweder sagen, gut, das ist meine Geschichte, das sind meine Traumata und meine Verletzungen, die muss ich mit mir selbst ausmachen, oder aber ich lasse meine Tochter einen Zugang dazu haben, damit sie mein Verhalten einschätzen und verstehen kann. Dann gebe ich ihr mein Trauma auch nicht unbewusst weiter.

Wege zu mehr Gerechtigkeit:
Herkunft, Hautfarbe und Nationalität sind keine
Qualifikation – aber auch kein Hindernis
Ich träume von einer Gesellschaft, in der sich Menschen als Menschen begegnen, und nicht als Angehörige einer bestimmten Gruppe. Ich träume von einer Gesellschaft, in der Vielfalt geschätzt wird und zum Alltag gehört und in der wir – und damit meine ich *wir alle* – Strukturen bekämpfen, in denen Menschen unter sich bleiben wollen.

Wir haben als Gesellschaft in Sachen Gerechtigkeit und Chancengleichheit schon viel erreicht. In vielen Bereichen ist allerdings noch reichlich Luft nach oben. Beispiele hier sind vor allem das schon beschriebene Thema Wohnraum und der Arbeitsmarkt.

Die besten Chancen auf eine Wohnung haben hierzulande Menschen mit regelmäßigem und gutem Einkommen, deutschem Namen, heller Haut und ohne Akzent. Für die meisten anderen gilt: Sie bekommen das, was übrig bleibt.

Ich spreche aus Erfahrung. Das hat ganz konkrete Auswirkungen auf das schon beschriebene Thema Inklusion. Sie wird so verhindert – und die Ghettoisierung gefördert.

Auf dem Arbeitsmarkt sieht es ähnlich aus. Hier kann schon der falsche Nachname dazu führen, dass die Bewerbungsunterlagen sofort auf den Stapel der Absagen wandern, egal, wie gut die Qualifikationen sind.

Dem gilt es, entgegenzusteuern, indem wir in der Wissenschaft und Politik darüber nachdenken, wie diskriminierende Elemente in der Arbeitswelt gemindert werden können.

Noch mal: Es ist absolut natürlich und menschlich, dass wir Menschen zunächst danach beurteilen, ob sie uns ähnlich sind oder nicht. Das gibt uns Vertrauen. Das rechtfertigt aber keine Diskriminierung – und es sollte auch kein Auswahlkriterium für Jobs (oder Wohnungen) sein.

Wichtig ist, dass Vielfalt als Gewinn gesehen wird und nicht als etwas, das ein Unternehmen fördern *muss*, um zu zeigen, dass es sich kulturell geöffnet hat. Das wäre ein Schritt rückwärts, denn in dem Moment, in dem wir Menschen nur noch nach ihrem kulturellen Hintergrund einstellen und nicht mehr nach ihrer Qualifikation, Leistung oder Erfahrung, entsteht genau das, was wir bekämpfen wollen: Wir bewerten Menschen nach ihrer Zugehörigkeit zu einer Gruppe. Und wer anfängt (oder weitermacht), eine Gruppe zu bevorzugen und andere zu benachteiligen, muss immer damit rechnen, dass sich die anderen Gruppen benachteiligt fühlen. So kommen wir nicht vorwärts.

Menschen müssen als das betrachtet werden, was sie sind: Individuen. Die übertriebene Einteilung von Menschen in Gruppen – was im gegenwärtigen Diskurs permanent getan wird – ist genau das, was Diskriminierung und

Rassismus am Leben hält. Selbst unsere Integrationspolitik versucht, Migranten als Gruppe zu integrieren und nicht als Individuen. Es wird immer noch von *den* Türken, *den* Asylbewerbern, *den* Flüchtlingen und *den* Arabern gesprochen. Warum nicht eine Integrationspolitik, die versucht, Menschen als Individuen zu integrieren?

Wenn Personalentscheider die besten Bewerber haben wollen, wenn das Wohl ihres Unternehmens im Vordergrund steht, dann müssen sie umdenken. Denn wir leben in einer vielfältigen Gesellschaft und einer globalen Welt. In dieser Welt können Menschen mit unterschiedlichen Sprachen und unterschiedlicher Herkunft genau die Richtigen sein, um eine Firma nach vorne zu bringen. Diversität bedeutet Gewinn. Drei Ansätze dafür:

1. Lebensläufe sollten in Bewerbungen ohne Namen und Bild verfasst sein.

2. Mitarbeiter von Personalabteilungen sollten geschult werden, neue Perspektiven einzunehmen und offen, aber gleichzeitig auch verantwortungsvoll mit ihren Vorurteilen umzugehen.

3. Bewerber sollten einen bestimmten Habitus trainieren. Sie sollten lernen, sich besser zu verkaufen, und lernen, worauf es bei Bewerbungen und Bewerbungsgesprächen ankommt. Was hilft beispielsweise der beste Schulabschluss, wenn ein Bewerber nicht begreift, dass fünf Minuten Verspätung in Syrien vielleicht kein Problem sind, in Deutschland aber ausschlaggebend dafür sein können, ob er den Job bekommt oder nicht.

Wer denkt, es ginge hier nur um Menschen mit Migrationsgeschichte, liegt falsch. In Deutschland gibt es sehr viele Menschen – mit und ohne Migrationsgeschichte –, die genau diese Hilfe brauchen, um den Aufstieg zu schaffen.

Weg von der Symbolpolitik
hin zu mehr Demokratieerziehung

Wo sind Politiker mit einer Vision? Einer echten Vision für eine bessere, gerechtere und solidarische Gesellschaft? Wo sind diejenigen, die bereit sind, das Streben nach Macht hintanzustellen, das Alltagsgeschäft zu verlassen und etwas Grundsätzliches, Visionäres zu entwickeln, und zwar für die gesamte Gesellschaft, nicht nur für einzelne Gruppen – oder für sie selber? Diese Fragen sind mir ernst, denn ich beobachte so viel Desinteresse und so wenig Wissen und Willen, etwas nachhaltig zu verändern.

Immer wieder beobachte ich beispielsweise auch, wie Politiker und andere Akteure in ihrem ausgerufenen Kampf gegen Rassismus, Extremismus und Hass und für Demokratie mit antidemokratischen Partnern und Verbänden zusammenarbeiten. Es sind Verbände wie DITIB (Türkisch Islamische Union der Anstalt für Religion e. V.), die zwar zu Recht Rassismus und Terror benennen und verurteilen, aber in ihren Moscheen gegen Andersdenkende oder Erdoğan-Kritiker predigen lassen. Genauso der Zentralrat der Muslime, der nachgewiesenermaßen Mitglieder beheimatet, die antisemitisch sind oder Verbindungen zu Vertretern des politischen Islam und türkischen Nationalisten unterhalten. Beides sind Gruppen, die ausgrenzend, abwertend und teilweise demokratiefeindlich agieren.

Gleichzeitig beobachte ich die Tendenz, Probleme in unserer Gesellschaft schönzureden, zu umschiffen oder sie gar nicht erst zu benennen, wie ich es in meiner Diskurskritik bereits beschrieben habe.

Beides ist problematisch, denn beides ist nicht Teil einer Lösung, sondern Teil des Problems. Ein Lippenbekenntnis jagt das nächste: Wir müssen zusammenhalten. Wir müssen Hass bekämpfen. Wir müssen unsere Demokratie schützen. Konsequenzen? Verbesserungen? Wahrhaftige und konkrete Demokratieförderung? Fehlanzeige.

Was ist der Grund? Ist es die fehlende Vision einer wirklich demokratischen Gesellschaft? Ist es Naivität oder Desinteresse? Nehmen die Menschen den Kampf nicht ernst? Ist es die Angst vor Widerspruch? Oder Bequemlichkeit, die dazu führt, mit den falschen Partnern auf Kuschelkurs zu gehen oder Symboldebatten über Polizeigewalt, Denkmale oder Straßen, die umbenannt werden sollen, zu führen?

Debatten sind an und für sich in Ordnung, solange sie konkret sind und zu sichtbaren Ergebnissen führen. Wer ernsthaft etwas gegen Rassismus und Hass tun will, muss in der Lage sein, alle Facetten zu erkennen und einen Plan zu entwickeln, sie zu bekämpfen. In Deutschland ist ohne Frage viel getan worden, was beispielsweise die Aufarbeitung des Holocaust oder Gleichberechtigung und Gerechtigkeit angeht. Lassen Sie uns weiter daran arbeiten!

Für eine friedliche Zukunft in Deutschland, für eine vielfältige und demokratische Gesellschaft brauchen wir eine Politik, die dieses Land gestaltet und nicht in einem Teufelskreis des Reagierens auf Ereignisse gefangen ist. Wer Demokratie schützen will, muss *alle* für die Demokratie gewinnen und für die Werte dieser Gesellschaft begeistern, wie etwa für das Recht auf Würde, freie Persönlichkeitsentfaltung oder Gleichberechtigung, um nur einige zu nennen. Wer wirklich Demokratie stärken will und Toleranz propagiert, darf diese Aufgabe nur mit Demokraten erfüllen, mit niemand anderem. Wer den Kampf gegen Hass antidemokratischen Akteuren überlässt oder sie zum

Partner macht, rettet die Demokratie nicht, sondern stärkt die Spaltung und schwächt das Land.

Die Ursachen von Polarisierung und gewalttätigen Entladungen müssen ehrlich erforscht und ihre Wurzeln gefunden und behandelt werden. Mit der gleichen Energie müssen auch die Herausforderungen gelöst werden, die zur Entstehung und Verfestigung von Parallelgesellschaften geführt haben. Demokratie stärkt man nicht mit einer eindimensionalen Betrachtung der Gefahren, sondern in der Gesamtheit ihrer Erscheinungen.

Erst wenn die Trennlinie in dieser Gesellschaft zwischen Demokraten und Nichtdemokraten verläuft, haben wir wirklich etwas gegen Hass und Extremismus getan. Solange aber die Trennlinie zwischen Einheimischen und Ausländern, zwischen links und rechts, zwischen Christen und Muslimen verläuft, wird die Spaltung bleiben. Wir brauchen einen Versöhnungsplan, denn die Spaltung ist tief. Entweder wir kriegen sie unter Kontrolle, oder wir werden immer wieder politische Gewalt erleben. Entweder wir lernen zu debattieren, andere Meinung auszuhalten, Argumente auszutauschen, oder die Spaltung bleibt.

Demokratie stärkt man auch, indem man Menschen zu Demokraten macht – am besten schon im Kindesalter. Dazu gehört neben Inklusion, Empathieentwicklung und Stärkung des Selbstbewusstseins auch die Fähigkeit, debattieren zu können: der Austausch von Argumenten, das Aushalten von anderen Meinungen.

Es muss Plätze und Räume für Kinder und Jugendliche geben, in denen sie die Grundwerte der Demokratie nicht nur lernen, sondern auch selbst ausprobieren können, indem sie debattieren. Der beste Platz hierfür ist die Schule, doch wo soll das stattfinden angesichts der straffen Lehrpläne, deren Fokus darauf liegt, Leistung zu erbringen, die abgefragt werden kann. Themen rund um Sozialisation und Wertevermittlung sind eine Randerscheinung und müssen dringend in die Mitte geholt werden.

Wenn ich in Schulklassen komme, erzählen die Lehrer oft, ihre Klasse sei sehr problematisch, es gebe viele Konflikte und die Schüler könnten nicht eine Minute lang still sitzen. Dann kommen meine Kollegen und ich in die Klasse, fangen an, mit ihnen zu diskutieren, und sehen, mit welcher Leidenschaft sie dabei sind. Die Lehrer sitzen staunend daneben.

Wo sind der Raum und das Interesse für die Lebenswelt der Schüler und die Themen, die die Schüler wirklich interessieren? Die Schüler, die ich am Tag nach dem Anschlag von Hanau traf und von denen am Anfang des Buchs die Rede war, diskutierten mit uns leidenschaftlich über einen Gebetsraum, den sie in der Schule etablieren wollten. Dass ich selber gegen Gebetsräume in Schulen bin und dass es diesen Gebetsraum in der Schule nicht geben würde, spielte im ersten Moment keine Rolle. Es ging zunächst darum, ihnen zuzuhören, zu erfahren, was sie bewegte und warum sie diesen Gebetsraum haben wollten. Dann tauschten wir Argumente dafür und dagegen aus. Die Schüler mussten in diesem Moment lernen, meine Meinung – die in diesem Punkt eine grundsätzlich andere war als ihre – auszuhalten und mir nicht reflexhaft Islamhass und Diskriminierung vorzuwerfen, sondern ihren Standpunkt mit Argumenten zu füttern, so wie ich es auch tat.

Wenn wir begreifen, dass die Schule auch ein Ort ist, an dem wir Menschen zu Demokraten machen, dann wird dies auch Einzug in die Lehrpläne finden. Im Moment jedoch ist es ein Teufelskreis: Die Lehrer sind unzufrieden, die Eltern sind unzufrieden, die Schüler sind unzufrieden, die Gesellschaft ist unzufrieden und fragt sich, was sie dagegen machen kann. Lassen Sie uns den Teufelskreis auseinandernehmen!

Debattenkultur

Die Debattenkultur in Deutschland und meine Kritik daran, habe ich bereits weiter vorne im Buch beschrieben. Doch um es an dieser Stelle noch einmal zu verdeutlichen: Wir müssen in der Lage sein, die eigene Blase zu verlassen und die Perspektive von anderen einzunehmen. Das bedeutet natürlich nicht, dass jede Perspektive und jede Meinung zugelassen werden muss. Es bedeutet, dass jede Meinung, die sich innerhalb des demokratischen Rahmens bewegt, eine Berechtigung haben sollte. Diffamierungen, Bedrohungen und Beleidigungen sind keine legitimen Meinungsäußerungen. Von niemandem. Unter keinen Umständen. Die Katastrophe beginnt, wenn wir die Sachebene verlassen und uns nur noch damit beschäftigen, warum diese und jene Meinung verboten werden sollte. Mein Plädoyer: Lassen Sie in Diskussionen und Reflexionen Argumente entscheiden und nicht die Tatsache, zu welcher Partei oder Gruppe sich jemand bekennt.

Und so bedeutet Solidarität für mich nicht nur das Gefühl von Zusammengehörigkeit und Nächstenliebe, sondern auch die Fähigkeit, Menschen, die anderer Meinung sind als ich, mit Mitgefühl zu begegnen. Von Menschlichkeit und Solidarität zeugt es beispielsweise, für Menschen einzustehen, sollten sie bedroht werden, und sich nicht, wie ich es häufig beobachte, auch noch darüber zu freuen.

Das Gleiche gilt für die politische Haltung. Menschen dürfen andere Meinungen haben. Sie sollen sich darüber austauschen und streiten. Das ist Demokratie! Wie oft empören sich Menschen über den Rassismus oder die Diskriminierungsmuster von anderen, aber verschwenden keine Sekunde darauf, ihre eigene Haltung zu überprüfen. Das ist nicht solidarisch. Solidarisch zu sein bedeutet für mich, jegliche demokratiefeindliche Strukturen abzulehnen und jegliche demokratiefreundlichen Strukturen zu begrüßen, auch wenn sie mitunter anstrengend sind. Doch die Anstrengung lohnt sich. Ich bin mir sicher!

Quellen

S. 31: Memmi, Albert (1992): Rassismus. Europäische Verlagsanstalt (eva). Hamburg; sowie: https://rm.coe.int/ecri-general-policy-recommendation-no-7-revised-on-national-legislatio/16808b5aac (Abgerufen am 2.8.2020)

S. 34: https://www.deutschlandfunk.de/geschichte-des-rassismus-wie-die-deutschen-weiss-wurden.1148.de.html?dram:article_id=397479 (Abgerufen am 2.8.2020) sowie: https://korpora.zim.uni-duisburg-essen.de/kant/aa09/316.html (Abgerufen am 2.8.2020)

S. 39 ff.: https://www.haaretz.com/.premium-are-humans-born-racist-1.5274810 (Abgerufen am 2.8.2020)

S. 43: https://www.ndr.de/fernsehen/sendungen/panorama3/ Woher-kommen-Vorurteile-Interview-mit-einem-Angstforscher, panoramadrei3506.html (Abgerufen am 2.8.2020)

S. 46 f.: Depner, Michael (2020): Seele und Gesundheit: Band 3: Existenzielle Grundlagen. BoD – Books on Demand

S. 56: Grözinger, Karl Erich (2015): Jüdisches Denken: Theologie – Philosophie – Mystik: Band 4: Zionismus und Schoah. Campus Verlag

S. 57: Schmidt-Salomon, Michael (2009): Jenseits von Gut und Böse: Warum wir ohne Moral die besseren Menschen sind. Pendo

S. 57 f.: https://www.spiegel.de/spiegel/print/d-46272805.html (Abgerufen am 2.8.2020) sowie: https://www.1000dokumente.de/ index.html?c=dokument_de&dokument=0228_hte&object=translation&l=de (Abgerufen am 2.8.2020)

S. 59: Zu Stephan Balliet: https://www.uckermarkkurier.de/politik-und-wirtschaft/synagogen-attentaeter-von-halle-redet-vor-gericht-2140096007.html; (Abgerufen am 2.8.2020) sowie: https:// www.spiegel.de/panorama/justiz/halle-attentaeter-stephan-balliet-glaubt-an-juedische-weltverschwoerung-a-1293330.html (Abgerufen am 2.8.2020)

S. 60 f.: Horvilleur, Delphine (2020): Überlegungen zur Frage des Antisemitismus. Hanser Berlin

S. 63: https://twitter.com/gregorgysi/status/1278361727663591425?lang
=de (Abgerufen am 2. 8. 2020)

S. 74: https://www.islamiq.de/2020/06/20/european-islamophobia-
report-2019-veroeffentlicht/ (Abgerufen am 2. 8. 2020)

S. 74: http://www.islamophobiaeurope.com/wp-content/
uploads/2019/09/AUSTRIA.pdf (Abgerufen am 2. 8. 2020)

Ahmad Mansour
Generation Allah
Warum wir im Kampf gegen
religiösen Extremismus umdenken müssen
256 Seiten. Gebunden

Deutsche Jugendliche radikalisieren sich oder ziehen gar für den IS in den Krieg. Was bringt sie dazu? Und was können wir dagegen tun? Bislang stehen Politik, Gesellschaft und besonders die Schulen diesen Fragen hilflos gegenüber. Kein Wunder, denn die Debatten werden falsch geführt, wie der renommierte Psychologe und Islamismusexperte Ahmad Mansour nachdrücklich zeigt. Vor dem Hintergrund seiner eigenen Erfahrungen und seiner konkreten Präventionsarbeit zeigt er beeindruckend, dass eine Veränderung möglich ist, und plädiert für eine Reform des praktizierten Islam.

»Die nötige gesellschaftliche Diskussion über die Hilfe für salafistisch verirrte junge Männer und Frauen aus Deutschland wird an diesem Buch nicht vorbeikommen.«
Philipp Gessler, Deutschlandradio Kultur – Buchkritik

»Mit seiner eigenen Arbeit liefert er überzeugende Argumente. Und einen wichtigen Beitrag in einer Debatte, die immer drängender wird.«
Tim Caspar Boehme, taz

»Ein leidenschaftlicher Appell
gegen die Verdrängung der Gefahr.«
Claudia Kuhland, Titel, Thesen, Temperamente – ARD

Das gesamte Programm gibt es unter
www.fischerverlage.de

fi 1-002446 / 1

Ahmad Mansour
Klartext zur Integration
Gegen falsche Toleranz und Panikmache

Eine der drängendsten Aufgaben unserer Gesellschaft ist Integration. Doch kein Thema polarisiert stärker. Staat und Gesellschaft stehen dieser Aufgabe bisher planlos gegenüber, es mangelt an konkreten Konzepten, einer sachlichen Debatte und langfristigen Plänen. Der Psychologe und Bestsellerautor Ahmad Mansour, selbst muslimischer Immigrant, beschäftigt sich seit vielen Jahren mit den Problemen und Chancen von Integration. Wie niemand sonst hat er erfahren, wie Zusammenleben funktionieren und woran es scheitern kann. Mansour macht unmissverständlich klar, dass wir alle umdenken müssen. Ein eindrücklicher Appell!

304 Seiten, gebunden

Weitere Informationen finden Sie auf
www.fischerverlage.de

AZ 10-397387/1